2023 年度黑龙江省高校思想政治理论课教学方法
"基于 SPOC+ 翻转课堂方式的高校思想政治理论课混
（SJGSF2023004）阶段性成果。

高校劳动教育课程体系
创新研究

王媛媛　赵瑛杰　王东明 ◎ 著

吉林出版集团股份有限公司

图书在版编目（CIP）数据

高校劳动教育课程体系创新研究 / 王媛媛，赵瑛杰，
王东明著 . -- 长春：吉林出版集团股份有限公司，
2024. 7. -- ISBN 978-7-5731-5426-2

Ⅰ . G40-015

中国国家版本馆 CIP 数据核字第 2024XY6126 号

高校劳动教育课程体系创新研究

GAOXIAO LAODONG JIAOYU KECHENG TIXI CHUANGXIN YANJIU

著　　者	王媛媛　赵瑛杰　王东明
责任编辑	张继玲
封面设计	林　吉
开　　本	787mm×1092mm　　1/16
字　　数	158 千
印　　张	14
版　　次	2024 年 7 月第 1 版
印　　次	2024 年 7 月第 1 次印刷
出版发行	吉林出版集团股份有限公司
电　　话	总编办：010-63109269
	发行部：010-63109269
印　　刷	廊坊市广阳区九洲印刷厂

ISBN 978-7-5731-5426-2　　　　　　　　　　　　　　　定价：89.00 元

前　言

　　2020 年 3 月，中共中央、国务院印发《关于全面加强新时代大中小学劳动教育的意见》，同年 7 月，教育部印发《大中小学劳动教育指导纲要（试行）》，要求全国大中小学全面开展劳动教育必修课，加强学生劳动教育，强调将劳动教育纳入大中小学人才培养全过程，建立起一套完备的劳动教育体系。自此，劳动教育课程在全国大中小学陆续开设，极大地促进了劳动教育的蓬勃发展。

　　本书首先介绍了高校劳动教育的内涵和原则，其次讲述了高校劳动教育的指导思想、高校劳动教育的内容体系，最后探讨了劳动教育课程方案设计、高校劳动教育的体系研究。本书可供教育相关领域的工作人员学习、参考。

　　本书在编写过程中借鉴了一些专家学者的研究成果和资料，在此特向他们表示感谢。

王媛媛　赵瑛杰　王东明

2024 年 2 月

目　录

第一章　高校劳动教育概述

　　劳动是人类社会赖以生存和发展的基础。劳动与教育相结合是我国一贯坚持的教育方针。新时代的大学生即将进入社会成为劳动者，通过劳动教育培养其社会生存能力，将对地方的全面发展具有重要意义。然而，随着社会的进步和经济的发展，劳动教育在教育视野中呈现逐渐淡化的趋势。因此，加强大学生劳动教育的研究具有重要的理论价值和现实意义。

第一节　高校劳动教育的内涵

　　基于对以往劳动教育概念的分析，在充分考虑劳动发展趋势及高校人才培养的特殊性的前提下，本书尝试作如下定义：大学生劳动教育是高等教育人才培养体系的重要组成部分，是顺应劳动发展趋势对大学生进行系统的劳动思想教育、劳动技能培育、劳动实践锻炼和全面提高大学生劳动素养的过程，目的是引导新时代大学生在劳动创造中追求幸福感、获得创新灵感，培养具有社会责任感、创新精神和实践能力的高级专门人才。该定义从五个方面明确了大学生劳动教育的内涵。

一、在地位上，大学生劳动教育应被明确为高等教育人才培养体系的专门部分

劳动教育有独特的育人价值，理应从促进学生全面发展的有效途径提升为与德智体美并举的、全面发展的人才培养体系的一部分。高等教育是高素质劳动者培养的直接出口，是年轻人走向职场的最后一步，主要培养的是服务各行各业的高级专门人才。因此，高校劳动教育在依托专业教育强化劳动知识与技能培养的同时，还需要依托专门的体系，强化大学生劳动价值观、劳动情感态度、劳动伦理责任、劳动权益意识等各方面的培养。从实践效果看，任何教育要想得到有效落实必须依托于一套成熟、完善、科学的课程与教学体系。目前，高校德育有系统的思政工作体系支撑，高校智育有全方位的专业教育体系支撑，高校体育有专门的体育训练课程支撑，高校美育也因教育部 2002 年《学校艺术教育工作规程》的印发有了有效支撑，各高校纷纷成立了艺术教育中心，开设了艺术类必修或选修课程。只有高校劳动教育既没有统一的教育大纲或工作规程，也没有相应的课程要求、考核与评价要求、人财物保障要求，只把劳动教育融入各专业学习中，认为高校各专业的教育本身就是劳动教育。这种现状很容易造成劳动教育各专业都管，但都管不到位的后果。因此，正如高校思政工作需要努力建构"课程思政"与"专业思政"相结合的教育体系，高校劳动教育也应该是"课程劳育"与"专业劳育"的有机结合，在专业教育之外，设置专门的劳动教育选修或必修课程，构建高校劳动教育体系。

二、在内容上，高校劳动教育应反映劳动发展的趋势

劳动是一个发展性的概念，在不同的历史时期有不同的内涵。在新经济条件下，人类认识自然和改造自然的能力不断增强，科学技术的迅猛发展使劳动呈现出新的发展趋势：劳动的内容越来越丰富多彩；劳动的形式越来越富于变化；劳动者的流动性越来越强；劳动者的体力支出越来越少、智力支出越来越多；劳动生产率越来越高，人的闲暇时间越来越多；劳动主体的作用越来越突出，人才的重要性越来越突出，世界各国对人才的争夺战越来越激烈；劳动仍然是人们谋生的重要手段。这一系列新变化要求高校劳动教育做出新的呼应、增添新的内容。

三、在形态上，高校劳动教育表现为劳动思想教育、劳动技能培育与劳动实践锻炼三大任务

劳动思想教育凸显了劳动教育的德育属性，新时代大学生劳动价值观、劳动情感态度、劳动伦理责任、劳动权益意识等方面的培养均属于劳动思想教育的范畴。劳动技能培育体现了劳动教育的智育价值，大学各专业的理论学习、实习实训、产教融合等虽不乏劳动思想教育的价值，但更偏重劳动技能的培育；劳动实践锻炼强调了劳动教育的"体知"特点，旨在引导学生在广阔的生产劳动与社会实践中增进知识、磨炼意志、增长才干、提高素质、培养社会责任感。这三大任务虽各有侧重，但又相互影响、相互促进，体现了高校劳动教育是"关于劳动的教育"与"通过劳动的教育"的协调统一、理论学习与实践训练相结合的过程。

四、在目标上，大学生劳动教育以全面提升大学生劳动素养为主要关注点

劳动教育一直被视为促进人全面发展的重要途径，高校劳动教育也应更充分地发挥好劳动教育树德、增智、健体、育美、创新的综合育人价值。但同时也要意识到，劳动教育之所以要取得与德智体美育并举的地位，根本原因在于其有自身独特的育人任务——提升学生的劳动素养。高校劳动教育的三大任务领域劳动思想教育、劳动技能培育、劳动实践锻炼的根本着眼点正是大学生劳动素养的全面提升。换言之，大学育人的各主要环节——思想政治教育、专业教育、实习实训、创新创业教育、就业指导、社会实践、志愿服务、产教融合等本身都含有劳动教育的基因，但如果这些育人环节的关注点主要是知识技能本身的学习、巩固和运用或一般意义上的道德养成，而非劳动素养的提升，严格来说，不能视为真正的劳动教育。

五、在目的取向上，高校劳动教育追求内在价值与外在价值的和谐统一

该定义强调，高校劳动教育的目的首先是引导大学生在劳动创造中追求幸福感、获得创新灵感，在此基础上为国家建设培养具有社会责任感、创新精神和实践能力的高级专门人才。这一定位体现了劳动教育内在价值与外在价值的统一。笔者考察 1949 年以来我国劳动教育的历史演变发现：我国劳动教育表现出明显的服务社会发展的外在目的取向，每一次都是来自教育系统之外的需要左右着劳动教育的走向。20 世纪五六十年代，推进劳动教育是

为了解决就业问题、缓解经济压力；六七十年代，推行劳动教育是为了了服务阶级斗争、政治改造；八九十年代，推行劳动教育是为服务经济建设，加强现代化建设；21 世纪以后，劳动教育受到重视，是为了推动国家创新、实现民族复兴。可以说，未能深刻地认识到并在全社会充分彰显劳动之于人的身心健康、和谐全面发展的重要意义，是我国以往劳动教育缺乏内在生命力的重要原因。因此，基于历史的反思，学习伟大教育家们的成功实践，本书强调高校劳动教育首先要引导大学生在劳动创造中获得幸福感，激发劳动创造的热情与兴趣，在此基础上实现《中华人民共和国高等教育法》(2015 修正版) 确立的"培养具有社会责任感、创新精神和实践能力的高级专门人才"的人才培养目标。

第二节　高校劳动教育的原则

　　劳动教育的原则是有效进行劳动教育所必须遵循的基本要求，它是合目的性与合规律性的统一。从合目的性的角度看，新时代高校加强劳动教育必须符合国家高等教育的基本方针和目的，完成高等教育的基本任务；从合规律性的角度看，新时代高校加强劳动教育必须符合当代大学生的身心发展规律和社会劳动发展规律。从合目的性与合规律性相统一的视角出发，本书提出了新时代高校加强劳动教育的五项基本原则，以期对高校劳动教育的成功实施提供有效的指导。

一、思想性原则

要深刻理解和把握劳动教育在社会主义建设者和接班人培养中的思想引领作用。关于我国教育的人才培养目标，不同的时期有不同的说法。1950年7月，第一次全国高等教育会议上提出要"培育具有高度文化水平的、掌握现代科学和技术的成就的、全心全意为人民服务的、高级的国家建设人才"。[①]1957年，毛泽东同志在《关于正确处理人民内部矛盾的问题》中明确，"我们的教育方针，应该使受教育者在德育、智育、体育几方面都得到发展，成为有社会主义觉悟的有文化的劳动者"[②]，用"有文化的劳动者"取代"高级的国家建设人才"的说法。1978年4月，邓小平同志在全国教育工作会议上的讲话中使用了"合格的人才""专门家""劳动后备军"[③]等说法。

在1985年发布的中共《中央关于教育体制改革的决定》中，则出现了"要造就数以亿计的工业、农业、商业等各行各业有文化、懂技术、业务熟练的劳动者。要造就数以千万计的具有现代科学技术和经营管理知识，具有开拓能力的厂长、经理、工程师、农艺师、经济师、会计师、统计师和其他经济、技术工作人员。还要造就数以千万计的能够适应现代科学文化发展和新技术革命要求的教育工作者、科学工作者、医务工作者、理论工作者、文化工作者、新闻和编辑出版工作者、法律工作者、外事工作者、军事工作者和各方面党政工作者"。这一复杂的列举式描述在中共中央、国务院1993年实施的《中

---

① 高等学校暂行规程 [J]. 人民教育 ,1950(5)：68-69.

② 毛泽东 . 关于正确处理人民内部矛盾的问题 [N]. 人民日报 .1957-06-28.

③ 邓小平 . 在全国教育工作会议上的讲话 [J]. 人民教育 ,1978(C1)：3-8.

国教育改革和发展纲要》中被凝练为"培养德、智、体全面发展的建设者和接班人";1995 年《中华人民共和国教育法》和 1998 年《中华人民共和国高等教育法》正式确定为"德、智、体等方面全面发展的社会主义事业的建设者和接班人";2015 年重修《中华人民共和国教育法》与《中华人民共和国高等教育法》时,则发展为"德、智、体、美等方面全面发展的社会主义建设者和接班人"。

与"劳动者"相比,"建设者和接班人"的提法更强调人才的专业性与政治性,这一导向完全符合当今社会发展与科技进步的大趋势,但也在一定程度上造成大学生没有做好成为普通劳动者的心理准备。实际上,无论何时,合格的社会主义建设者和接班人,本质上都是"以劳动托起中国梦"的辛勤劳动者、诚实劳动者、创造性劳动者。习近平总书记将劳动教育纳入社会主义建设者和接班人的要求之中,充分彰显了建设者和接班人的劳动者本质。强调在劳动中坚定理想信念、在劳动中厚植爱国情怀、在劳动中加强品德修养、在劳动中增长知识见识、在劳动中培养奋斗精神、在劳动中增强综合素质,以劳动教育夯实社会主义建设者和接班人全面发展的基础,是新时代我国加强大学生劳动教育的首要原则。

二、时代性原则

要深刻理解和把握劳动的"变"与"不变"。

(一)讲明劳动的本质不变性

马克思主义唯物史观强调,劳动是人类的本质活动,劳动改造自然、劳动创造世界、劳动创造人本身，离开劳动人类就不能生存与发展。这些本质特征决定了劳动始终是推动社会发展、人类进步的根本力量。即使到了新时代，人工智能可以代替人类的部分体力或脑力劳动，人类的自由闲暇时间明显增加，但也不能产生贪图享乐、好逸恶劳的心理。要知道，人类的文明进步、社会的健康和谐、国家的繁荣富强，依然离不开中国制造硬实力的支撑，离不开全体社会成员人尽其才、各尽所能的辛勤劳动、创造性劳动。习近平总书记强调："劳动是人类的本质活动，劳动光荣、创造伟大是对人类文明进步规律的重要诠释"① "劳动是财富的源泉，也是幸福的源泉。人世间的美好梦想，只有通过诚实劳动才能实现；发展中的各种难题，只有通过诚实劳动才能破解；生命里的一切辉煌，只有通过诚实劳动才能铸就"。② 这一系列论述生动诠释了马克思主义劳动本质观在新时代的深刻真理性。劳动教育必须以更生动、更接地气、更有显示度的方式，将这些彰显着劳动亘古不变的本质特征的真理性认识讲深、讲透、讲活，讲进每一个人的心里。

（二）深入认识劳动的形式变化性

讨论新时代的劳动时，不能只把体力劳动、简单劳动看成劳动，要教育和引导大学生充分认识到劳动形态的丰富性，以及不同形态的劳动在社会生产生活中的地位、作用，把脑力劳动与体力劳动、群体劳动和个体劳动、有偿劳动和公益劳动、简单劳动和复杂劳动、创造性劳动和重复劳动、生产领域的劳动和非生产领域的劳动等，都看成劳动，既不把其中某一种劳动理解

---

① 习近平.在庆祝"五一"国际劳动节暨表彰全国 劳动模范和先进工作者大会上的讲话[N].解放军报.2015-04-29.

② 习近平.在同全国劳动模范代表座谈时的讲话[N].人民日报.2013-04-29.

为劳动的全部，也不以其中一种形式否定相关联的另一种形式，真正明白并由衷认同"不论是体力劳动还是脑力劳动，不论是简单劳动还是复杂劳动，一切为我国社会主义现代化建设作出贡献的劳动，都是光荣的，都应该得到承认和尊重"的道理。要充分认识劳动关系的复杂性，强化劳动教育的人本情怀，教育大学生正确认识体力劳动的社会价值，由衷地尊重体力劳动和体力劳动者，认识到让体力劳动者变得越来越有文化，生活越来越丰富多彩，劳动的技术含量、收入、社会地位越来越高，正是新时代普通劳动者的需求；要回归劳动教育促进个体全面、和谐、健康发展的内在目的。教育引导学生深刻认识劳动为自身全面发展创造的有利条件、提出更高的素质要求，加强职业生涯规划教育，从劳动是"生活的第一需要"，而不仅仅是"谋生的手段"的立场出发，引导学生积极主动地根据自己的才能、禀赋、兴趣、爱好就业创业，真正把劳动作为实现自我价值的内在需要。

三、体系化原则

要深刻理解和把握高校劳动教育有机融入与独立设置的关系，加强劳动教育的体系设计。劳动作为人类最基本、最重要的存在方式，本身就具有巨大的教育价值，它是完整的知识建构必不可少的综合条件，是个体发展智力、增长才干、形成健全人格、养成良好品德的根基。正是从这个意义上说，苏霍姆林斯基坚持认为，离开了劳动就没有真正的教育，教育的任务就是让劳动渗入我们所教育的人的精神生活中去，渗入集体生活中去，使得对劳动的热爱在少年早期和青年早期就成为他的重要兴趣之一，如果学生只知享用由社会创造并提供给学校的那些物质和精神财富，就不可能产生真正的教育。因此，作为教育的根和魂，作为实现整体育人的必要条件，劳动教育理应有机融入人才培养的各个环节。

对高校劳动教育而言，更需要强调这种有机融入。因为高等教育是直接面向职业的教育、直接通向工作和劳动岗位的教育，每个专业都带有劳动教育的性质，因此，高校推进劳动教育一定要将劳动教育与专业教育、实习实训、思想政治教育、创新创业教育、社会实践相结合，把劳动教育融入高校立德树人、教学科研的方方面面。如前所述，如果只是强调有机融入，不给予劳动教育一定的相对独立地位，劳动教育很有可能在实践中被弱化、软化、淡化、形式化。因此，为实现高校劳动教育的可持续发展，需要科学建构有机融入与独立设置相结合的高校劳动教育体系。从这一认识出发，课题组以大学生五方面劳动素养的提升为核心，围绕高校劳动教育的三大任务领域——劳动思想教育、劳动技能培育、劳动实践锻炼，结合现阶段我国高校人才培养体系与模式，课题组设计了"1+8"的劳动教育实施体系和"3+1"的劳动教育保障体系，提出了建构独立设置与有机融入相结合的高校劳动教育体系的总体思路。

该体系由核心层"五大目标体系"，中间层"三大任务体系"和"1+8劳动教育实施体系"，以及外围层"3+1劳动教育保障体系"构成。其中，"五大目标体系"强调高校劳动教育应以全面提升大学生劳动素养为核心，在各条教育渠道推进劳动教育的过程中，一定要有意识地强化相关劳动素养的培养。"三大任务体系"代表了实现高校劳动教育"五大目标"需要强化的三大任务。其中，劳动思想教育重在培养大学生的劳动情感态度和劳动品德；劳动技能培育在强调劳动知识技能学习的同时也应关注相应劳动品德的训练；劳动实践锻炼是大学生养成良好劳动习惯的必由之路，同时，也是养成积极劳动情感态度、深化劳动知识技能学习的有效途径；劳动价值观作为劳动素养的最深层、最核心的要素，其成熟与稳定一定离不开劳动思想教育、劳动技能培育和劳动实践锻炼三大任务合力共推。"1+8劳动教育实施体系"则指明了实施高校劳动教育的现实途径。其中，"1"是指专门化的劳动教育课程建设，如专门开设"劳动科学概论""劳动与社会保障法"等劳动教育类公共必修或选修课程，加强与新时代大学生劳动价值观养成和职业发展密切相关的劳动科学知识的学习，这理应成为新时代大学生劳动思想教育的重要组成部分。"8"则是劳动教育有机融入高等教育现有人才培养体系的八条路径，包括劳动教育与思想政治教育的结合、与校园文化建设的结合，主要完成劳动思想教育任务；劳动教育与职业生涯和就业指导教育的结合、与创新创业教育的结合、与社会实践和志愿服务的结合、与产教融合的结合则是让学生在劳动实践锻炼中发展劳动思想、培育劳动技能的主要形式；劳动教育与专业教育的结合、与实习实训的结合，则是在知识学习与实践锻炼有机统一的过程中，强化劳动技能的培育，渗透劳动思想的教育。该体系的最外层是"3+1"劳动教育保障体系，旨在强调高校劳动教育的扎实推进离不开各种内外部保障因素，其中的"3"指的是三大内部保障因素——师资队伍保障、组织与条件保障和评价体系保障，"1"则是指劳动教育的社会支持。

四、创新性原则

要深刻理解和把握高校劳动教育继承与创新的关系，特别是要注意根据劳动和新时代大学生的新特点，内容出新，手段革新。

（一）内容出新

劳动发展的新特点要求高校劳动教育内容不断推陈出新。各行各业、所有岗位的工作都是在劳动，都需要发扬劳模精神、劳动精神、工匠精神。正如习近平总书记所说的那样，"广大劳动者无论从事什么职业，都要勤于学习、善于实践，踏实劳动、勤勉劳动，在工作上兢兢业业、精益求精"。[①]

（二）手段革新

新时代大学生的新特点要求高校劳动教育手段革新。新时代的劳动教育，面向的是"00"后、"10"后，这一代人是伴随着互联网长大的，是"网络原住民"。他们参与传统体力劳动的机会大大减少，劳动意识普遍缺乏，对劳动的认识与上一代、上两代也有很大差异，"不珍惜劳动成果、不想劳动、不会劳动"的现象更突出。针对这一特点，在强调利用传统方式加强大学生劳动价值观教育、劳动情感态度教育和劳动品德教育，强化劳动实践训练的同时，也要积极借鉴国内外先进经验，精准灵活运用网络信息技术、从亲身现场体验、模拟仿真试验、人工智能等形式拓展劳动教育方式。要注重利用"慕课"、在线课堂、翻转课堂、手机课堂、微课堂等方式讲好劳动教育课程，打造劳动教育的"金课"，给劳动教育增强互动性、即时性、趣味性。要在用好校园

---

① 习近平.在知识分子、劳动模范、青年代表座谈会上的讲话[N].人民日报.2016-04-30.

内外传统纸质媒体的同时抢占新媒体阵地，进行全媒体传播，积极利用新媒体的传播优势，利用"两微一端"网络平台，制作推广更多轻量化、可视性高、互动性强的新媒体宣传作品，实现更好的传播效果。要把握网络传播的特点，根据"网络原住民"的媒体接触习惯，用平视的角度、平和的态度、平等的互动实现有效传播，推动劳动教育。通过这些方式，增强劳动教育的感染力、吸引力，让劳动教育"活起来""实起来""酷起来"，提升劳动教育的实际效果。

五、协同化原则

要深刻理解和把握学校教育与家庭教育、社会教育的关系，在用好学校这个主战场的同时，发挥好家庭教育和社会教育的协同作用。一方面，要积极发挥家庭教育在个体劳动素养培育中的基础性作用，做好家校沟通工作，家校合力共同培养大学生良好的自我劳动和家务劳动习惯；家校合力共同培养大学生正确的择业、就业观，有效解决好大学生就业中存在的"啃老""拼爹"等不良现象。另一方面，要积极发挥好社会劳动教育的重要支撑作用。要加大社会实践力度，多组织大学生走进社区、工厂、部队、农村，在改革开放和社会主义现代化建设的前沿阵地里，感知中国大地，体察国情民情。在社会的大学校里，增长真才实学，增益其所不能，要构建学校、社会、企事业单位三协同的师资团队，组建社会志愿者辅导团队，把劳动模范、大国工匠、传统技艺师傅、非遗传承人、老教授、老专家、老艺人、老科技工作者等组织动员起来，为学生劳动创造提供辅导；要充分发挥好高等教育的社会服务功能，积极与企事业单位建立产学研用、互惠互利的合作共赢关系，切实建设好和发挥好校外劳动实践基地的作用；要积极向政府争取政策立法，以减免部分税收或拨付企业教育补助金等方式，对与学校建立稳定的实习实训合作关系的企事业单位予以奖励，更好地调动社会力量参与学校劳动教育的积极性。

第三节　高校劳动教育的意义

习近平总书记在全国教育大会上指出，"要在学生中弘扬劳动精神，教育引导学生崇尚劳动、尊重劳动，懂得劳动最光荣、劳动最崇高、劳动最伟大、劳动最美丽的道理，长大后能够辛勤劳动、诚实劳动、创造性劳动"。[1] 这些重要论述，丰富发展了党的教育方针，具有重大的时代价值和鲜明的现实针对性，也对高校提出了加强劳动教育的新任务、新课题。

一、扎根中国大地办大学，坚持和发展马克思主义唯物史观的客观需要

强调劳动价值和劳动教育，是马克思主义一以贯之的基本观点，是马克思主义唯物史观的核心内容和本质规定。恩格斯曾指出："其实劳动和自然界一起才是一切财富的源泉，自然界为劳动提供材料，劳动把材料变为财富。但是劳动还远不止如此。它是整个人类生活的第一个基本条件，而且达到这

---

[1]　习近平 . 在全国教育大会上的讲话 [N]. 人民日报 .2018-09-11.

样的程度，以致我们在某种意义不得不说：劳动创造了人本身。"①马克思主义劳动观反复强调，劳动创造世界，劳动创造历史，劳动创造了人本身，劳动是人类的本质特征和存在方式，是实现人的全面发展的重要途径，教育与生产劳动相结合是社会主义教育的根本原则。马克思曾指出："生产劳动同智育和体育相结合，它不仅是提高社会生产的一种方法，而且是造就全面发展的人的唯一方法。"②列宁也曾指出："没有年轻一代的教育和生产劳动的结合，未来社会的理想是不能想象的，无论是脱离生产劳动的教学和教育，或是没有同时进行教学和教育的生产劳动，都不能达到现代技术水平和科学知识现状所要求的高度。"③苏霍姆林斯基坚持认为，"离开了劳动就没有真正的教育，教育的任务就是让劳动渗入我们所教育的人的精神生活中去，渗入集体生活中去，使得对劳动的热爱在少年早期和青年早期就成为他的重要兴趣之一""如果学生只知享用由社会创造并提供给学校的那些物质和精神财富，就不可能产生真正的教育"。④中国在社会主义革命、建设和改革开放的历史进程中，正是在中国共产党领导下，依靠广大人民群众的辛勤劳动，才使久经磨难的中华民族"站起来"，让底子薄、人口多的中国人民"富起来"。

---

①　马克思,恩格斯.马克思恩格斯选集[M].中共中央马克思恩格斯列宁斯大林著作编译局译 北京：人民出版社,2012.

②　马克思,恩格斯.马克思恩格斯选集[M].中共中央马克思恩格斯列宁斯大林著作编译局译 北京：人民出版社,2016.

③　苏霍姆林斯基.帕夫雷什中学[M].吕玢译.武汉：长江文艺出版社,2021.

④　苏霍姆林斯基.帕夫雷什中学[M].吕玢译.武汉：长江文艺出版社,2021.

二、构建德智体美劳全面培养的教育体系，形成更高水平的人才培养体系的必然要求

我国高校肩负着培养社会主义事业建设者和接班人的重大任务，肩负着为人民服务、为中国共产党治国理政服务为巩固和发展中国特色社会主义制度服务、为改革开放和社会主义现代化建设服务的神圣使命，其培养的人才就应该有正确的世界观、人生观、价值观，以及正确的事业观、审美观和劳动观等。新时代加强劳动教育，是构建德智体美劳全面培养的教育体系、形成更高水平的人才培养体系的必然要求。

劳动教育是构建全面教育体系不可或缺的一环，劳动可以树德、增智、强体、育美。德智体美劳既有密切联系又有各自不同的功能，就劳动教育与其他教育的联系而言，劳动精神的培育是高校德育的重要内容，劳动科学和技能的教育是高校智育的重要内容，劳动能力的锻炼是高校体育的重要内容，劳动者对美的追求和创造是高校美育的重要内容。加强劳动教育，倡扬劳动最光荣、劳动最崇高、劳动最伟大、劳动最美丽的价值观念，必将切实加强大学生理想信念教育，使其崇尚劳动价值、追求劳动创造、尊重劳动主体，以辛勤劳动为荣、以好逸恶劳为耻，不断成长为有理想信念、有过硬本领、有责任担当的建设者和接班人，进一步营造劳动光荣的社会风尚和精益求精的敬业风气。将劳动教育与德智体美育并列，既是对劳动教育本身的有效加强，也是对德智体美育的有力支撑。同时，德智体美劳既有密切联系又有各自不同的功能，劳动教育应该独立为完善人才培养目标、支持德智体美育的重要平台，高校劳动教育是高等教育人才培养体系的一部分。可以说，高校

加强劳动教育，是中国特色高等教育的显著特点，是扎根中国大地办大学的本质要求。

三、富国强民，建设高素质劳动者大军的重要举措

习近平总书记曾指出："人世间的美好梦想，只有通过诚实劳动才能实现；发展中的各种难题，只有通过诚实劳动才能破解；生命里的一切辉煌，只有通过诚实劳动才能铸就。""以劳动托起中国梦"，进行伟大斗争、建设伟大工程、推进伟大事业、实现伟大梦想，全面建成小康社会，进而建成富强民主文明和谐美丽的社会主义现代化强国，根本上要靠劳动，要靠劳动者的辛勤劳动、诚实劳动和创造性劳动。[①]

在我国转变经济增长方式、实现"中国制造 2025"目标、做强实体经济、建设知识型技能型创新型劳动者大军的今天，高度重视劳动教育，是富国强民的大事，具有迫切的现实意义和历史意义。改革开放 40 多年来，我国经济社会发展取得了巨大成就，这种成就是改革红利、自然资源红利、人口红利、国际贸易投资环境红利等综合贡献的结果。当前，我国同时遇到"人口红利"逐渐消失、资源和环境约束不断强化、投资和出口增速放缓、传统的发展动力不断减弱等发展瓶颈。转变发展方式、优化经济结构、转换增长动力，是突破瓶颈的唯一出路，必须拥有一支爱劳动、能劳动、会劳动的劳动者大军。新时代加强劳动教育，有利于培育一支高素质的产业工人队伍和大量的"能工巧匠""大国工匠"，为"中国速度"向"中国质量"转变、制造大国向制

---

① 习近平 . 在同全国劳动模范代表座谈时的讲话 [J]. 中国工运 ,2013(5)：4-6.

造强国转变、"中国制造"向"中国创造"转变提供人力支撑、智力支撑和创新支撑。

高校加强劳动教育，既能引导新时代大学生努力学习科学文化知识、练就过硬本领，又能教育大学生坚定理想信念、锤炼高尚品格、培育劳动情怀。自觉把人生理想、家庭幸福融入国家富强、民族复兴的伟业之中，建构个人与集体、个人梦与中国梦、小家与国家民族融合统一的发展共同体和命运共同体，最终推动广大青年学生在接力奋斗中实现中华民族伟大复兴中国梦。

改革开放以来，我国高等教育坚持社会主义办学方向，持续推进教育改革，全面实施素质教育，一定程度上增强了大学生服务国家，服务人民的社会责任感、增强了勇于探索的创新创造精神和善于发现问题解决、问题的实践能力。在一项对内蒙古财经大学 400 名本科学生的调查中发现，大部分学生能正确认识劳动，热爱劳动，具有正确的劳动态度和劳动价值观。但是学生参与劳动实践的积极性不高，当个人愿望未能满足或遇到挫折、失败时，他们容易产生消极、颓废情绪，产生抱怨、退缩、放弃等不良行为。

为解决上述问题，我们应加强大学生的劳动教育。高校加强劳动教育，有利于大学生在课堂教学、自身学习、实验实践等教育环节上有效付出，提高教育教学质量，使自己成长为优秀人才；有利于大学生在体味艰辛、挥洒汗水中塑造坚强的心理素质，在艰苦奋斗、顽强拼搏中磨炼自己的意志，由衷热爱与尊重体力劳动和体力劳动者，从而获得受益终身的宝贵精神财富；有利于大学生形成积极向上的就业创业观，在国家社会需要与个人价值实现、专业学习与岗位匹配等方面找到平衡，形成自主多元的积极就业观，提升创业创新意识和能力；有利于大学生不断强化新时代的劳动责任感、使命感和荣誉感，培养和造就辛勤劳动、诚实劳动、创造性劳动的品格，激发其主动融入日常工作与理想事业，敢于担当、勇于创新、不懈奋斗、乐于奉献，收获劳动带来的尊严感、崇高感和幸福感。

四、新时代加强大学生思想政治教育的应有之义

劳动教育有利于强化思想政治教育的实践性。劳动教育既是立德树人的基本要求，也是在个人成长成才的过程中服务国家经济社会发展的价值引领。对于大学生而言，坚持在课堂教学、实验实践、自我学习等教育环节上付出辛勤劳动，有利于树立正确的劳动价值观；在体味艰辛和挥洒汗水中磨炼自己，有利于培养艰苦奋斗、顽强拼搏的意志；在劳动实践和刻苦学习中塑造自己，有利于养成认真敬业、自信自律的心理素质。

劳动教育有利于提升思想政治教育的针对性。从实际情况来看，一些学生从幼儿园到大学，长期脱离劳动实践，对劳动教育重视不够，这就导致一些大学生对生活的认识和理解比较片面，心理素质差，不善于集体协作，单纯从"个体本位"的角度要求社会来满足个人需要，而从未考虑自己应该对社会应尽的义务。对于这些问题，加强劳动教育，有利于培养大学生的劳动态度、劳动习惯、劳动技能和劳动品德，使其树立正确的世界观、人生观、价值观，从而为将来走向工作岗位奠定坚实的基础。

劳动教育有利于拓宽思想政治教育的路径。实践出真知，高等教育不仅是书本上的教育，而且是实践、创新、社会责任感的教育。劳动教育是联系

知识与实践的纽带。单纯灌输式的专业课理论学习，使学生只会"纸上谈兵"，很难熟练运用到实际工作中。大学生既需要在校园里勤奋学习专业知识、提升综合素质、练就过硬本领，更需要在社会这所大学校里感知人情冷暖、体验艰辛生活，让大学生在亲自动手、解决实际问题中领悟专业知识、培育劳动情怀。只有通过劳动教育和劳动实践，身和心对专业有更深的体验领悟，才能在具体情境中创造性地分析问题、解决问题。劳动教育不仅有利于培养创新意识、创新精神和创新能力，还能够在实践的过程中提高大学生个体的知识水平和能力素养。

第四节　高校劳动教育的对策

一、进一步提高对大学生劳动教育必要性的认识

（一）提高大学生对劳动教育必要性的认识

大学生是劳动教育的主体，充分发挥主体的主观能动性是有效开展大学生劳动教育的核心和关键，认识是行动的先导，要使大学生积极主动地参与劳动教育，首要的是提高大学生对劳动教育必要性和重要性的认识。随着当今社会对人才素质的要求越来越高，加之就业形势越来越严峻，大学生同时面临着自我发展、就业等一系列的问题，如不重视自身劳动素质的提升将很难适应社会发展的需要。

当今社会所需要的是德才兼备的人才，既需要有过硬的专业知识技能，

又需要具备良好的道德品质和优良的职业素养，因此，大学生要在大学期间充分重视劳动教育并在劳动教育中培养自身的独立能力，建立良好的责任意识，形成正确的劳动价值观，积极参与劳动实践以提高自身劳动实践能力、提升自身综合素质，为自身成长、未来发展以及更好地为国家发展、社会进步做出贡献奠定良好的基础。

1. 大学生要树立正确的人生价值观

人的思想、行为都会受到自身价值观的影响，大学生要自觉树立崇高的人生价值观，明确自身担负的责任，明白个人价值的实现不在于个人享受，而在于对国家、对社会、对他人的贡献。这种奉献也一定不是单向的，人们在为他人奉献的同时也在实现着自身的价值，而一切只为己的个人价值观无疑限制了人的发展。只有树立起正确的人生价值观，意识到自身所担负的责任，才能产生提高自身品行和能力的自觉。

2. 大学生要清楚地认识到自身存在的问题

大学生在树立崇高的人生价值观的同时，要清楚地认识到自身所存在的问题和差距。当代大学生由于成长条件普遍优越，家长呵护备注，学校劳动教育缺失，劳动意识及劳动能力普遍较差，存在心态浮躁、眼高手低、逃避困难、承受挫折能力质较差等一系列问题。大学生要清楚地认识到自身所存在的问题，并自觉寻求改变，只有做到未雨绸缪，才能避免投身社会时遭遇不必要的挫折。

3. 大学生要正确认识劳动教育的重要性

要克服自身存在的问题，大学生的劳动教育是必不可少的。大学生要充分认识劳动教育对于自身成长和发展的必要性，通过劳动教育获得正确的劳动价值观，通过劳动实践获得生活与个性上的独立，增强面对挫折的心理素质，提升自身品德和能力。正确认识劳动教育的必要性和重要性是充分调动学生参与劳动教育热情、引发学生产生通过劳动实践不断提高自身综合素质的自觉性的前提条件，在此基础上，大学生劳动教育才有望取得良好效果。

（二）提高高校对劳动教育必要性的认识

党的教育方针明确指出，教育要与生产劳动相结合，教育要为社会主义现代化建设服务，要培养全面发展的社会主义事业的建设者和接班人。新的历史时期，高校要提高对大学生劳动教育必要性的认识，这不仅是贯彻落实国家教育方针的要求，更是现实的需要。当今社会对人才的依赖性越来越强，对人才素质的要求也越来越高，大学是培养人才的摇篮，直接关系着国家的建设和发展，因此，高校肩负着为国家、社会培养德才兼备、综合素质过硬的专门人才的责任。而高校要为国家、社会培养输送高素质人才，需要与时俱进转变传统观念，既要清楚当前大学生的现状，又要了解社会对人才的要求，从而为人才培养找到一条正确而有效的途径。

1. 高校要重视大学生存在的问题

成长于优越的家庭环境和社会环境中的当代大学生，从小缺乏劳动锻炼和劳动教育，导致相当一部分人存在着劳动观念淡薄、劳动能力不足、综合素质不高、对生活的理解和认识片面、心智不成熟、经不起生活中的一点挫折和磨难等诸多问题。大学对人才的培养不是以把科学文化知识传递给学生为终结的，大学生迈出校门直接面对的是社会这个更大的舞台，学生能否顺利地适应社会并贡献社会、其素质能否符合社会的要求，这些都是高校需要关注的问题，也是高校应承担的社会责任。因此，高校要转变传统观念充分认识当前大学生所存在的问题及其与社会要求之间的差距，立足社会现实，为培养真正符合社会要求的全面发展的高素质人才创设条件。

2. 高校要提高对大学生进行劳动教育的认识

要解决大学生所存在的问题，培养拥有崇高理想、实干精神、社会责任感和历史使命感的人才，只有思想政治教育或心理教育是远远不够的，任何理论教育都要结合实践教育才能取得良好的效果，而劳动教育正是将理论教育与实践教育相结合的途径，是高校实现育人目标所不可或缺的教育内容。一方面，劳动教育有助于培养学生的独立性，使学生养成良好的劳动习惯，具备独立的生活能力，树立正确的人生观、价值观，拥有独立、健全的人格；另一方面，劳动教育有助于学生解决浮躁及眼高手低的问题，在劳动实践中获得勤奋踏实的做事态度、良好的意志品质、不怕吃苦、艰苦奋斗的优良作风，劳动教育在培养学生良好品质的同时，使学生具备过硬的专业技能和综合素质。因此，高校应提高对大学生劳动教育重要性的认识。

二、准确把握大学生劳动教育应遵循的原则

（一）在指导方向上，坚持劳动教育的社会导向性原则

大学生劳动教育同其他方面的教育一样，受到多种因素的影响和制约，因此必须遵循一定的原则。劳动教育原则是在不同范围、不同层次、不同方

面开展劳动教育时所要遵循的基本准则，是劳动教育制定者、实施者需要首先考虑的问题，坚持劳动教育的原则能够避免劳动教育的盲目性。大学生劳动教育首先要遵循的是社会导向性原则，具体来说就是，大学生劳动教育的开展要符合社会主义国家人才培养的要求，大学生劳动教育的开展不能以功利主义为导向，而是要以为国家、社会培养德才兼备的高素质劳动者，培养社会主义事业的建设者和接班人为导向。明确了大学生劳动教育所应遵循的原则、劳动教育的发展方向，大学生劳动教育的开展就不再只是一种形式，不再只是为了劳动而劳动、为了教育而教育。明确了大学生劳动教育的指导方向，在大学生劳动教育的内容和方式选择上就有了一定的指导依据，坚持劳动教育的社会导向性原则，就是要在大学生劳动教育的开展中培养社会主义人才所应具备的社会主义道德情感、责任感、热爱劳动、热爱劳动人民的思想情感、艰苦奋斗的劳动精神、吃苦耐劳的品质以及奉献社会主义事业所应具有的综合能力和优秀素质。

（二）在指导理念上，坚持大学生全面发展的原则

劳动教育既需要遵循社会导向性原则，即劳动教育的培养目标要不脱离国家的教育方针政策和社会对人才的要求，同时劳动教育又要以学生利益为出发点，坚持大学生全面发展的原则，这两者是统一的。"全面发展"是马克思主义关于人的发展的重要内容，马克思主义认为人的全面发展表现在：人的主体性的不断提升和发展，即人的主观能动性的发展，体现在人对自然、社会的认识、利用和改造方面的主动性、选择性、创造性，以及人对自然、社会的责任方面的道德性、理智性、自觉性等，包括人的思想和精神在内的

全面发展，人与自然、社会的协调发展。同时，马克思指出，实现人的全面发展的根本途径是教育与生产劳动相结合。培养全面发展的人，是党和国家教育方针对人才培养的基本要求，教育部《关于整体规划大中小学德育体系的意见》指出："大学教育阶段德育目标是教育引导大学生牢固树立爱国主义思想和全心全意为人民服务思想，自觉遵守法律法规和社会道德规范，加强自身道德修养，具备良好的心理素质和艰苦奋斗、开拓进取的精神，促进大学生思想政治素质、科学文化素质和身心健康素质全面协调发展。"同时，实现全面发展也是大学生自身成长、发展的内在需要。

因此，大学生劳动教育要坚持大学生全面发展的原则，以学生的全面发展为劳动教育的目标导向。通过劳动教育使学生树立正确的劳动价值观，养成良好的劳动习惯，在劳动中锻炼身体、增强体质、磨炼意志、保持身心健康，培养创新精神和吃苦耐劳精神，培养集体主义情感和为人民服务的劳动精神。通过劳动教育，实现以劳育德、以劳增智、以劳健体、以劳益美、以劳长技、以劳怡心的目标。最终发挥学生主体性，学生能够根据主体需要开展有目的的劳动活动，不断丰富精神世界，提升精神境界和人格品质，充分发挥创造性，提升综合能力，实现全面发展。

（三）在指导方法上，坚持理论与实践相结合的原则

大学生劳动教育在方法上要注意把握理论与实践相结合的原则。只进行理论教育或者过多地偏重理论教育，劳动教育就变成了空洞的说教，无异于"纸上谈兵"，只能使学生得到一些劳动观点、劳动技能知识的教育，难以提升劳动实践能力；只注重劳动实践的教育而忽视劳动教育理论的总结和传授，

劳动教育难免变得形式化，缺乏精神内核，导致盲目，其结果就是劳动实施了，但劳动锻炼中的劳动情感培养、劳动道德养成被忽视了，也会导致劳动教育的效果不理想。因此，大学生劳动教育中理论教育与实践锻炼要充分结合起来，在劳动理论教育中进行劳动实践锻炼，在劳动实践中进行理论的应用、总结和升华，真正实现知与行的统一。

（四）在贯彻落实中，坚持贴近学生实际的原则

大学生劳动教育无论在理论教育还是实践教育中都要切合实际、贴近学生生活。劳动理论教育不能是空洞地说教，而是要贴近学生生活，从小处着眼，理论教育要结合学生生活实际才能让学生更好地理解和接受。劳动实践的设计同样要贴近学生的生活、学习，注重细节。一方面，劳动教育要紧跟时代，关注学生个性特点。由于时代、成长背景不同，学生的个性特点和心理特质也不同，劳动教育要在了解学生特质的情况下，开展适应时代发展、适应学生个性特点的劳动教育形式，提高学生兴趣和参与热情；另一方面，劳动教育要注重从小处着眼，从细微处着手，抓住生活的细微之处，于生活、学习的细微处开展劳动教育，达到"润物细无声"的效果。

三、加强领导管理，确保劳动教育落到实处

在大学生劳动教育的具体实施中，高校承担着劳动教育的主要任务，是直接进行劳动教育的机构。为确保国家关于大学生劳动教育的政策落到实处，大学生劳动教育取得实质性的成效，高校应着重加强对大学生劳动教育的领导管理，从而使大学生劳动教育工作制度化、常态化。

（一）健全高校劳动教育管理机制，强化劳动教育的科学管理

任何一项教育的有序开展都离不开教育管理机制的作用，高校劳动教育管理机制是高校劳动教育顺利、有序开展的制度保障，而当前各高校的劳动教育管理机制尚不健全，这也是当前大学生劳动教育存在诸多问题、教育效果不够理想的主要原因。大学生劳动教育同其他教育形式一样，有教育主体的参与、教育目的的制定、教育环境、教育方式方法、教育运行的程序及教育运行的保障等诸因素的配合，因此大学生劳动教育的贯彻落实需要有一套系统完善的运行管理机制来确保其顺畅运行。要健全高校劳动教育管理机制，需要设立专门的管理机构、投入必要的物质保障、选拔和培养一批高素质的专业化师资队伍，对大学生劳动教育进行系统的管理、确定劳动教育的目的、制订劳动教育的具体实施方案，只有实现各项要素的有效配合才能保证劳动教育管理机制的正常运行，从而有效保障高校劳动教育有序地进行。

（二）健全劳动教育的考核机制，强化劳动教育的效果

在当前高校劳动教育体制、机制普遍不健全的情况下，劳动教育的考核机制也存在着不完善的问题。考核是教育过程中必不可少的一环，起着检验教育效果的作用。在当前高校的教育考核机制中，重视对学生文化课的考核，学生文化课成绩成为学生评价的主要标准，而本就不受重视的劳动教育并没有专门的考核机制和考核标准。加强高校劳动教育建设，增强大学生劳动教育的效果，有必要建立健全高校劳动教育的考核机制。建立健全高校劳动教育考核机制有利于促进教师和学生对劳动教育的重视。将劳动教育结果纳入

学生考核评价体系中，有助于调动学生参与劳动教育的积极性，有助于教师更全面地了解学生情况，并通过劳动教育考核不断发现问题、进行反思、总结经验教训，从而不断调整劳动教育的内容、方式、方法，不断提高劳动教育效果。同时，健全劳动教育考核机制需要注意以下方面：劳动教育的考核要建立长效机制，坚持劳动教育考核的持续性和连续性；考核的内容要全面，具有层次性；考核标准要具有科学性，通过该评价标准能够较准确、全面地反映学生在劳动态度、劳动技能等方面的情况。

（三）拓展劳动教育平台，丰富开展劳动教育的途径

当前，大学生劳动教育的开展要结合当代大学生思想、行为特点以及大学生的实际需求，不断探索和改进劳动教育的方法和途径，使之更具吸引力和实效性。当下很多大学生表示在校学业压力较大，关注更多的是未来就业与发展，如考研、出国等问题，在这样的学业压力下很难去考虑劳动教育。因此，很多学生表示劳动教育的开展应该关注大学生最关心的问题，将劳动教育问题同就业问题相结合，如果劳动教育确实能够在解决大学生最关心的问题上发挥作用，将会极大增加其吸引力、提高大学生的参与度。

就业问题的确是当前高校和大学生都非常关心的问题，如果就业问题得不到很好的解决，也会给大学生学习增加不安定因素，还可能会引发社会的不稳定、不和谐。因此大学生劳动教育应注重实效、避免空洞，努力探索劳动教育培养学生劳动素质与服务学生就业相结合的途径，拓宽劳动教育平台。坚持以专业教育为基础，将劳动教育与专业知识学习相结合，专业实习与就业指导相结合，不断丰富劳动教育的途径和形式，使学生能够加深对专业学

习与社会需求之间的认识，增强责任意识、提高道德品质，提高劳动能力。具体来说，可以从以下三方面做起。

1. 拓展勤工助学岗

勤工助学是多数高校都在采用的劳动教育途径，其种类众多。主要包括行政助理岗、学院办公室助理岗、辅导员助理岗、校园卫生岗、图书管理员岗等。

一方面，拓展勤工助学岗有助于减轻家庭贫困大学生的生活压力。校内勤工助学岗位都是为在校贫困生准备的，并发放一定的工资，是一种有偿劳动。大学生通过劳动获取劳动报酬，使得大学生懂得辛勤劳动的不易，有利于大学生正确地看待劳动，尊重劳动者。当然，高校应增加大学生勤工助学的岗位，让更多的大学生参与到劳动中去。

另一方面，拓展勤工助学岗有助于锻炼大学生的综合能力，磨炼其意志。例如，大学生在勤工助学过程中必将与学校老师或者行政管理人员交流，这就锻炼了人际交往的能力，为将来踏入社会奠定基础。

2. 组织实践活动

实践活动主要包括社会实习与高校劳动基地劳动两方面。

首先，社会实习是指在校大学生利用寒暑假或学校规定的其他实习期间参与的，与自身所学专业有关的社会生产实践活动。人文社科类的在校生一般从事政府部门与事业单位的实习工作，理工科学生一般在企业、工厂、工地等参加实习劳动。在校大学生通过参加与自身专业相适应的社会实习，能够提前了解社会，同时得到社会的认可。

其次，高校应建立大学生劳动实践基地。高校建立大学生劳动实践基地，目的是给在校大学生提供一个实践载体，使得大学生在劳动中培养劳动精神与劳动意识，提高劳动技能。因此，高校需整合现有资源，建立工厂、农场等劳动实践基地。若资金匮乏，高校可与或相邻近的工厂、企事业单位合作，为大学生参与劳动提供场所。

3. 开展公益活动

公益活动是一种自愿、无偿劳动，大学生参与公益活动，有益于培养其集体观念，让学生在有爱心的劳动氛围中体会互帮互助的劳动乐趣。高校可根据自身条件或借助社会资源，组织大学生开展一些专题性的义务劳动，如去敬老院或福利院义务劳动等。高校开展公益活动能够使大学生劳动教育的效果立竿见影，有助于大学生综合素质的提高。

（四）建立学校与家庭、社会的密切合作关系

尽管学校是大学生劳动教育的主要场所，直接承担着对大学生进行劳动教育的任务，但作为与学生关系密切的家庭以及社会大环境对大学生劳动教育也产生着不可忽视的影响，因此，单靠高校的一己之力来获取大学生劳动教育的良好效果显然是不够的，应建立学校与家庭、社会的密切合作，使三者有机地统一起来。

家庭是劳动教育的重要阵地，家庭环境对一个人的影响是最直接最深远的，同时也是终身的，家长在日常生活中的言谈举止对孩子具有潜移默化的影响，家长的价值观及教育方式直接影响着学生的劳动价值观和劳动习惯。由于大多家庭不重视对孩子进行劳动教育，导致了当今大学生劳动意识缺乏、

独立性差以及劳动能力不足等问题，因此，要使大学生劳动教育取得良好的效果，家庭劳动教育是必不可少的。高校要建立与家庭的密切合作，实现与学生家长的联系和及时沟通，使家庭转变劳动教育观念，积极配合学校劳动教育，在家庭生活中不断提高学生的劳动能力，积极的引导使其树立起正确的劳动态度和价值观，培养其劳动热情和劳动情感，通过劳动增强责任意识，养成良好的劳动习惯，提高劳动实践能力。

每一个个体都是社会的人，都要受到社会大环境的影响，尤其在目前这个快速发展的时代，社会价值逐渐多元化，人们受到社会环境的影响越来越大。大学生劳动教育同样深受社会环境的影响，高校劳动教育要充分利用社会环境对大学生劳动教育的有益方面，克服社会环境对大学生的不利影响。

一方面，社会转型期功利主义的价值观对大学生的价值观产生了负面的影响，高校劳动教育要采取有效措施克服社会中的不良因素对大学生的影响。大众媒体是社会环境中的重要因素，随着大众传媒的普及，它对人们生活的影响无处不在，大学生劳动教育需有效利用大众传媒的引导作用，充分利用报纸、杂志、书籍、广播和电视等媒体，传播正能量、报道好典型和好方法，加强校园网络管理，构建劳动教育网络平台，创建贴近校园生活、贴近师生实际的内容，以增加知识性、趣味性、思想性和服务性。在整个社会当中逐渐形成热爱劳动、热爱劳动人民、尊重劳动、重视劳动教育的良好风气。

另一方面，要充分发挥教育行政主管部门的职能作用，确保劳动教育政策的贯彻落实。保持高校与社会的有效沟通，引起社会各方面对大学生劳动教育问题的关注，努力争取获得事业单位的关心和支持，为大学生参加劳动实践与教学实习争取到更多的机会，真正使劳动教育实现日常化、生活化、社会化，促进大学生劳动教育的发展。

第二章　高校劳动教育的指导思想

第一节　马克思主义劳动教育思想

劳动在马克思主义价值观的形成过程中发挥了重要作用。马克思主义经典理论始终围绕劳动对人类社会的意义这一核心开展，阐述了劳动和劳动教育在人类社会发展过程中的重要作用。哲学上，马克思强调劳动创造历史、劳动创造人和人类社会的唯物史观。经济学上，马克思强调劳动创造价值，提倡按劳分配。在教育上，马克思提出了人的自由与全面发展、教育与生产劳动相结合等主张。深入研究和理解马克思主义劳动教育思想对开展高校劳动教育，促使大学生树立正确的劳动价值观具有重要的理论和现实意义。

一、马克思主义劳动本体论

一定意义上，当代各派劳动哲学是在与马克思主义劳动哲学展开思想对话的过程中发展起来的。作为劳动理论研究的集大成者，马克思的劳动理论为我们探讨高校劳动教育提供了理论基础。从马克思关于劳动的论述中发现，劳动不仅是一个单纯的经济学、人类学或社会学意义上的概念，而是上升到哲学层面人的生命活动和存在方式来深刻理解的概念。坚持和发展马克思主义的第一前提就是要回归马克思理论，从人与自然、人与社会以及人与自身三个层面阐释马克思的劳动概念。

（一）人与自然关系层面上的劳动

马克思认为，人首先是一种自然存在物，作为一种现实的、肉体的、站在坚实的呈圆形的地球上呼出和吸入一切自然力的人。由此观之，作为"肉体的主体"有其物质生活的需要，生存的前提是必须满足自身的一切现实需求。而为维持生命，人必须进行劳动，通过使用一切自然力来占有、改造自然物，使自身的劳动固定、物化在某个对象当中，以满足自身的生存需要。恰如马克思所言："人靠自然界生活。"这就是说，自然界是人为了不致死亡而必须与之处于不断的交互作用过程的、人的身体。他同时指出："劳动首先是人和自然之间的过程，是人以自身的活动来中介、调整和控制人和自然之间的物质变换的过程，人类只有通过劳动为中介，才能实现人与自然之间的物质变换并实现自身的生存。"[①] 马克思撇开了特定的社会形式，认为劳动是不以社会形式为转移的人类生存的条件，是人类为了满足自身现实的物质生活所需而对自然物的占有。

（二）人与社会关系层面上的劳动

从人与自然的向度出发，劳动是人与自然之间的物质变换。劳动作为人类独有的社会实践活动并非孤立于社会之外而进行，孤立的个人是不能改造自然物和满足自身的生存需求的，劳动本身产生着人与人之间的社会交往关系。可见，人与人之间的社会关系不是自生的，既不是外在于人的也不是强

---

① 马克思.1844年经济学哲学手稿[M].中共中央马克思恩格斯列宁斯大林著作编译局译.北京：人民出版社,2014.

加于人的，这种社会关系内生于人的劳动之中，并非凌驾于人的现实的实践活动之外的先验存在物。马克思认为，一切生产都是个人在一定社会形式中并借这种社会形式而进行的对自然的占有。① 所以，人与自然的关系以及人与人的社会关系，是同一生产过程中不可分割的两个方面，是不以一切社会形式为转移的。生产力发展推动人类历史进步，以劳动工具的变革发展为标志的劳动生产力的变革发展，推动了劳动形态的变化以及人类社会的历史运动。因为生产力的变革发展引发了整个劳动关系和社会关系的变革发展，推动了劳动的阶级性变革以及人类社会形态的历史性改变。人作为劳动主体，是劳动价值创造与实现的主体，在不断推动人类历史进步的同时也推进了人自身的自由性更普遍地扩展。人类劳动过程中由劳动生产力变革引发的劳动关系和社会关系的变革，现实性地推动了人作为创造历史的劳动主体的自由性的普遍发展。

（三）人与自身关系层面上的劳动

古典经济学家将劳动囿于创造物质财富的手段，马克思的突破在于揭示了创造物质财富并不是劳动的终极目的，劳动更为重要的目的在于通过这种"自由自觉的活动"去"占有自己的全面本质"，从将劳动视为人的本质高度出发深刻揭示了人在劳动中创造和发展人自身。马克思发现人类通过劳动，"作用于他身外的自然并改变自己时，也就同时改变他自身的自然。他使自身的自然中蕴藏着的潜力发挥出来，并且使这种力的活动受他自己控制"②，

---

① 马克思.资本论[M].郭大力，王亚南译.北京：北京理工大学出版社,2011.

② 马克思.1844年经济学哲学手稿[M].中共中央马克思恩格斯列宁斯大林著作编译局译.北京：人民出版社,2014.

劳动这种"自由自居的活动",不仅通过人的对象性活动建立了人化的自然,以及在人与人之间活动中建立了社会关系,更为重要的是在这一过程中创造和发展了人自身。人通过劳动不断展开对整个文化世界的创造,使人的生活世界不断焕发生机活力,历史性地展现人的存在的普遍意义。人的劳动创造过程即人在劳动中不断创造属于人的文化世界过程,人类社会的历史运动过程也就是人类在劳动创造中不断发展自我与不断创造新文化的过程。劳动生产力是人类社会历史进步的根本动力,其自身印证了人的自由创造性,其历史性变革显现了人的自由创造力不断地整体跃升,推动了人的自由性的普遍发展和人类社会的全面进步。

二、马克思主义劳动价值观

劳动是马克思主义劳动观、劳动价值观的逻辑起点,是马克思主义的理论基石。马克思主义劳动价值观是指在马克思主义辩证唯物主义和历史唯物主义的世界观、方法论指导下,基于其劳动价值论学说而形成的对劳动的本质、目的、意义等方面的根本看法和观点。马克思主义劳动价值观,一方面指的是劳动者坚信通过个人的辛勤劳动,在生产出满足自身需求的物质产品和精神产品的同时,还可以满足他人对物质产品与精神产品需求的一种自我价值评价。另一方面是指社会对于劳动者个人的劳动付出与劳动贡献所给予的一种价值评价,其目的是要引导和鼓励全社会形成一种劳动光荣、劳动伟大的社会风气,进而推动社会的发展和人类的进步。

当马克思提出基于唯物辩证法的劳动理论之后,劳动才真正被视作个人价值和社会价值的源泉。马克思基于现实的物质生产而非观念，认为自人类社会出现的那一刻起就有了劳动，人只有通过劳动才能创造财富，满足自身物质所需。基于政治经济学，劳动的"生产性"，即"劳动力"及其创造剩余价值的能力，展示了人的力量及其带来的社会价值。马克思劳动及其教育理论的伟大贡献在于，他认识和发现劳动之于教育以及劳动教育本身的伟大意义，颠覆了数千年来将劳动教育与以理论理性为主导的闲暇教育对立起来的历史传统，把代表社会绝大多数劳动者的劳动教育解放出来，认识到劳动教育既是人与自然的融合与相互改造，创造伟大的物质文明、社会文明和精神文明，也是人在劳动中充分发挥人的自然属性、社会属性和精神属性，实现人的意义。劳动是人特有的活动，劳动的存在标志着人类社会的一切的存在。这向我们揭示了劳动在人类社会中的地位和作用。首先，劳动把人和动物区分出来，促使人类的产生。在人类从猿进化成人的过程中，劳动起着决定性作用，离开了劳动，就无法区分人类的生存方式和动物的本能性活动。其次，劳动是人类生存的前提和基础。人要生活，就必须向自然去寻求社会生产资料，通过劳动把生产资料加工为生活用品，达到维持生存的目的。最后，劳动是人的本质体现。一方面，人可以发挥自己的主观能动性，通过劳动实践改造客观世界来满足自己的物质和精神需求；另一方面，人在劳动的过程中使自身不确定的力量变成一种稳定的品质，实现自身的发展和进步。

三、马克思主义"教劳结合"思想

关于教育与生产劳动相结合的思想，最早可以追溯到空想社会主义。空想社会主义者莫尔、欧文等都有过这样一种教育设想，并且开展了相应的教育实验。马克思超越空想社会主义的一个重要特征就是不将社会变革的希望完全寄托于慈善家基于道德的善良愿望之上，而是将社会生产力、科学技术的发展等看作教育与社会进步最重要的基础。马克思对于教育与生产劳动相结合的论述建立在对当时机器大工业及科学技术发展深入分析的基础上。在马克思的时代，大工业开始不久，因此他所谈的教育与生产劳动相结合的重要形式之一就是生产劳动同智育和体育相结合。

马克思、恩格斯在批判继承空想社会主义有关劳动的论断以及劳动与教育相结合的思想基础上，进一步揭示了劳动的本质，并论述了教育与生产劳动相结合的思想，提出在社会主义社会中，劳动将和教育相结合，从而使多方面的技术训练和科学教育的实践基础得到保障。这里谈及的"劳动"，是消灭了雇佣劳动的性质，消除了异化、恢复了本来面目的劳动。马克思、恩格斯充分肯定了教育与生产劳动相结合的重要意义和作用。一方面指出教育与生产劳动相结合是社会化大生产的要求，是适应科学技术高速发展以提高劳动生产率的要求；另一方面教育与生产劳动相结合能够摆脱个人发展的片面性。他们指出："生产劳动同智育和体育相结合，它不仅是提高社会生产的一种方法，而且是造就全面发展的人的唯一方法。"马克思高度重视劳动教育对推动生产力发展的作用，他认为教育与劳动是相互结合渗透的，脑力劳动与体力劳动是并重的，只有合理运用二者，才能提升劳动者的劳动效率并推动生产力的发展。可以说，"教育与生产劳动相结合"构成了马克思主义劳动教育的核心内涵，提高人的精神境界成为其劳动教育思想的价值意涵。

马克思发展了前人有关教育与生产劳动相结合的思想，在他看来，工人阶级在不可避免地夺取政权之后，将使理论的和实践的工艺教育在工人学校中占据应有的位置。这一论述指明了劳动教育的实现路径，实现了劳动教育认识从形式到实质的转变。马克思、恩格斯关于教育与生产劳动相结合的基本原理，深深植根于特定的社会环境中。马克思、恩格斯从辩证唯物主义出发，在深刻揭示社会、教育内在关系的基础上，把教育与生产劳动相结合作为科学社会主义的一个内容将其置入科学的轨道，从而成为无产阶级教育的一个根本原则。可以说，在教育与生产劳动相结合的思想从空想变为科学的过程中，马克思做出了相当大的努力，从而为劳动教育理论的形成奠定了基础。马克思看到了劳动和教育相结合的必然性，其动力是现代工业的发展。他在《共产党宣言》中指出，资产阶级在它的不到一百年的阶级统治中所创造的生产力，比过去一切世代创造的全部生产力还要多，还要大。可见，当时的马克思就已经意识到了现代科技的发明和应用所带来的巨大的生产力发展与生产关系和变革，这样一来，劳动者对现代生产技术的熟练掌握就显得非常重要了，而劳动者对现代生产技术的熟练掌握，就不得不依靠教育来完成。因此，劳动和教育相结合就成为一种必然趋势。针对教育与生产劳动相结合的可能性，马克思认为，尽管工厂法的教育条款整个说来是不足道的，但还是把初等教育宣布为劳动的强制性条件。这一条款的成就第一次证明了智育和体育同体力劳动相结合的可能性，从而也证明了体力劳动同智育和体育相结合的可能性。马克思认为教育与生产劳动相结合，不仅是提高社会生产的一种方法，还是造就全面发展的人的唯一方法。劳动教育的根本目标在于造就全面发展的人。在马克思所处的时代背景下，机器大生产的社会环境使劳动分工越来越精细，人的劳动能力发展受到局限，导致劳动能力的整体性丧失，体力劳动与脑力劳动的鸿沟加深。基于此，马克思强调劳动促进人的全面发展，是从劳动能力的整体性出发，这种劳动能力是体力劳动与脑力劳动的高度结合。

马克思主义经典作家基于对人类社会的唯物主义考察，从现实社会的角度深刻阐释了劳动教育价值的深刻内涵，并为新时代高校开展劳动教育提供了教育依据。深刻理解马克思主义劳动教育理念，不仅有助于全社会深刻认识劳动的价值，而且可以在全社会弘扬劳动光荣的价值取向。为实现人的自由全面发展，高校劳动教育更应注重大学生的劳动能力如何在整个劳动教育过程中得到充分而全面的发展。高校劳动教育的特殊性集中体现在它对大学生体力劳动与脑力劳动的结合提出了更高层次的要求。这具体表现为通过在高校广泛开展劳动教育，既实现宏观层面的劳动技术化发展，也实现微观层面上培养符合新时代要求的新型劳动者；既不能将马克思主义的劳动教育视为简单的体力劳动的生产与教育的结合，忽视现代性的科技劳动与服务管理性劳动的时代价值，也不能一味强调复杂的科技劳动的实践价值，而忽视体力劳动存在的必要性。

第二节　我国高校劳动教育的演进与发展

在继承历代重视生产劳动的思想、借鉴马克思主义劳动价值观的基础上，中国共产党形成了尊重劳动的思想认识，并将这一思想积极引入劳动教育实践中。早在 1921 年，毛泽东在与何叔衡等人创办湖南自修大学时，便认同"本大学学友为破除文弱之习惯，图脑力与体力之平衡发展，并求知识与劳力两阶级之接近，应注意劳动"[①]的规定。在工农革命时期，中华苏维埃政府始终将教育与生产劳动相结合作为教育的基本方针，以此提高工农文化水平、教育青年一代并锤炼知识分子的革命意志。毛泽东在 1934 年中华苏维埃第二次代表大会的报告中，更是将教育与生产劳动联系起来的要求提升到文化层面。

中华人民共和国成立以来，我国教育事业虽然在不同的历史阶段呈现不同的发展势态，表现出不同的阶段特征，但都逐步迈入了规范化和科学化的发展轨道。作为中国特色社会主义教育制度的重要内容，高校劳动教育也在宏观教育发展的背景下经历了不同的发展阶段，大致可以将其划分为五个阶段，分别是高校劳动教育的雏形与初建时期（1949—1956）、探索与本土化时期（1957—1976）、规范与制度化时期（1977—1992）、转型与整合时期（1993—2011）、科学化发展时期（2012 年至今）。这五个阶段彼此衔接，共同形塑了高校劳动教育的发展图谱，展现出具有中国特色的高校劳动教育变迁机理和发展特征。也正是在党和国家的高度重视、社会各界的深切关怀下，我国高校劳动教育事业得以不断完善和发展。

一、高校劳动教育的雏形与初建时期（1949—1956）

新中国成立后，国家百废待兴，百业待举。这一时期党和国家的主要任

[①]　湖南自修大学创立宣言（一九二一年八月）[J]. 党的文献，2011(1)：3-4.

务是尽快恢复和发展国民经济，提高人民生活水平。劳动作为恢复国民经济建设的关键手段，成为广大人民群众投身祖国建设的重要方式。劳动教育有机地将个人与国家的生产建设紧密结合在一起，通过教育提高劳动技能，支援工农业生产进而推动经济复苏和国家建设。"为工农服务，为生产建设服务"成为这一时期国家教育方针中关于劳动教育的重要定义。这一时期，我国教育整体还处于旧教育整顿和新教育改革阶段，教育的宗旨和目标是使青年一代成为新民主主义社会的自觉公民，劳动教育并未作为独立的科目纳入各级各类学校暂行规程和教学计划中。这一时期不断发展的劳动教育呈现出以下特点。

（一）从政策层面全面确立了劳动与教育结合发展的基本思想

1950 年，时任教育部副部长钱俊瑞在《当前教育建设的方针》报告中提出教育"为工农服务，为生产建设服务"的新民主主义教育方针。这一教育方针挖掘和提升了劳动教育的内涵，教育的开展形式突破了课堂的局限，通过在生产实践环节开展教育，将教育与劳动有机结合，拓宽了教育教学的新方式。1951 年，钱俊瑞在第一次全国中等教育会议上再次提出，要以"马恩列斯"有关全面发展的基本精神为指导，实行教育与生产劳动密切结合的工艺教育，着重培养体力与智力均衡发展的热爱劳动生产的新社会的自觉和积极的建设者。1953 年，政务院在《关于加强高等学校与中等技术学校学生生产实习工作的决定》中指出，"高等学校和中等技术学校的生产实习是使学生的理论知识密切联系实际并使'学用一致'的重要方法之一"，肯定了实习对培养人才的重要意义。1956 年，教育部在《关于试行师范学校规程的命令》中也明确规定，"师范学校学生必须参加教育实习""并应创造条件设教学实习工厂、实验农场或农业园地"。系列政策表明，这一时期劳动教育的突出表现形式是教育教学与生产实践的结合，鼓励高校师生积极参与各类生产实践活动，在劳动中开展教育。

（二）在批判继承中完善劳动教育内涵

新中国成立之初，我国主要学习苏联的教育理论，开展综合技术教育，后改称基本生产技术教育。综合技术教育的内涵，是随着科学技术发展和生产部门变迁，以及当时社会经济条件的实际情况而不断变化的。这一时期，我国效仿苏联，关注学生劳动能力和劳动技巧的培养，并开始通过课程来规范劳动教育的内容。综合这一时期出台的各项教育文件可知，劳动教育的内容主要包括手工制作、生产实习、生产知识等。1955年，全国教育会议确定了我国劳动教育以"基本生产技术教育"的形式展开运行，从规范上确定了劳动教育与生产结合的规定，为广大高校师生合理运用劳动教育形式提供了标准化规范。这一规定成为中华人民共和国成立后真正意义上劳动教育探索理论与实践并行的开端。

二、高校劳动教育的探索与本土化时期（1957—1976）

1957年，劳动教育成为国家重要的教育方针，与德育、智育、体育有机结合，旨在为国家培养具有高度社会主义觉悟和文化水平的社会主义劳动者。这一时期教育与生产劳动相结合的原则成为我国社会主义教育方针的一项重要内容，表明我国劳动教育开始进入本土化的探索时期。但在一段时间内，由于"左"倾错误思想的影响，出现了学生劳动过多、过度等现象，学校偏离了正常教学秩序，也反映了劳动教育在本土化探索成长中的曲折历程。

（一）以培养有文化的劳动者为目的

1956年底，我国对生产资料的社会主义改造结束，进而开始进入全面探索社会主义建设时期。为了使教育事业适应大规模社会主义建设对人才的迫切需求，在教育上，也开始了全面探索的新时期。1957年，毛泽东同志在《关于正确处理人民内部矛盾的问题》中提出，我们的教育方针，应该使受教育者在德育、智育、体育几方面都得到发展，成为有社会主义觉悟有文化的劳动者。[①] 新的教育方针，为学校教育的培养目标指明了方向，我们要培养的是全面发展的新人，当时对于"全面发展"意涵的解读就是"既有社会主义觉悟，有文化的"，同时也是"劳动者"。高校劳动教育的首要目标就是摒弃旧社会脱离生产劳动的"只专不红"的资产阶级知识分子，培养有社会主义觉悟的有文化的劳动者。1958年9月19日，中国共产党中央委员会、国务院关于教育工作的指示》提出，教育为无产阶级的政治服务，教育与生产劳动相结合。把劳动教育提升到国家社会建设层面，劳动教育理念实现了根本变革。此时劳动与教育结合的思想已经从单纯的校内劳动转移到更为开放的社会实践环境中。值得警醒的是，由于受到"左"的影响，这一时期的生产劳动过多，对学校正常教学秩序产生了影响，造成了高校文化课质量一度严重下降的后果。

---

① 中共中央文献研究室编. 毛泽东文集 第 7 卷 [M]. 北京：人民出版社，1993.

（二）探索建立本土化的劳动教育制度

1957 年，随着中苏关系出现裂隙，双方开始"大论战"，中国开始了各个领域的批苏斗争，教育领域由全盘接受苏联的"以俄为师"转向"以苏为鉴戒"，探索适合本土国情的社会主义道路。在教育领域内，为突破全盘移植苏联的正规化教育制度的弊端，使学校向工农子弟敞开门，扩大受教育的范围，加速教育的普及和发展，我国逐步建立起了本土化的劳动教育制度。特别是，我国的劳动教育开始逐步脱离了凯洛夫教育学中关于劳动教育的辅助性地位的论述。这一时期，学生要积极参加生产劳动，在劳动过程中学习一定的生产知识和技能，扩大知识领域，培养有社会主义觉悟、有文化科学知识、有技术、有实际操作能力的新型劳动者。国家积极组织学生上山下乡、勤工俭学、半工半读，提倡学生"一边劳动，一边学习"。据统计，截止至 1958 年 11 月，"20 个省、自治区、直辖市不完全统计，21126 所中等、高等学校，共办大小工厂、作坊 10 万个，共办大小农场 1 万多个，种植面积 250 万亩"。[①]这一时期，国家在抓学生思想教育的同时亦不放松对学生生产劳动的开展，将其视为培养"又红又专"的社会主义劳动者的唯一方法。在广泛的生产劳动中，我国劳动教育走上了自主探索之路，高校劳动教育也获得了前所未有的关注，并呈现出空前繁荣的景象。

三、高校劳动教育的规范与制度化时期（1977—1992）

随着改革开放的号角吹响，时代的新篇章被揭开。劳动教育改革被提到

---

① 毛泽东：关于读书的建议 [J]. 党的文献，2010(5)：F0003.

了议事日程。总体而言，这一时期的劳动教育进入了规范的制度化发展，在全面开展经济建设的宏观背景下，展现出显著的为改革发展和经济建设服务、与国民经济的快速发展相得益彰的特征。本阶段，国家逐步恢复了被破坏的教育秩序，展开了一系列促进劳动与教育结合的工作，恢复了劳动教育的功能和使命。

（一）高度重视劳动教育的价值属性，正确把握劳动与教育结合的内涵

1978年4月，邓小平同志在全国教育工作会议上提出，现代经济和技术的迅速发展，要求教育质量和教育效率要迅速提高，要求我们在教育与生产劳动结合的内容上、方法上不断有新的发展。整个教育事业必须同国民经济发展的要求相适应。[①] 这些论断深刻揭示了社会主义劳动教育的实质。此后，他多次指出要在新的社会背景下，研究如何在批判继承的基础上更好地贯彻落实教育与劳动结合的教育方针，如何更好地让教育为经济建设添砖加瓦。1980年，时任教育部部长蒋南翔在全国教育工作会议上对教育与生产劳动相结合进行了新的阐述，"马克思主义的一条根本原理就是理论与实际相结合。由于物质生产活动是人类社会最基本的实践活动，要做到理论与实际结合，就应当使教育同生产劳动结合起来……对这些论述，都不能做狭隘的理解，不能理解为单纯搞体力劳动，不读书。如果这样理解当然是错误的"。[②] 这一阐述，是对前期马克思主义劳动与教育结合理论本本化理解的批判性反思，

---

① 邓小平.邓小平文选 1-3 卷 [M].北京：人民出版社,1994.

② 蒋南翔.谈谈当前教育的形势——1980年7月24日在教育部座谈会上的讲话摘要 [J].人民教育,1980(10)：3-6.

厘清了马克思主义劳动与教育结合理论同我国实际相结合的重要内涵，为教育与劳动结合思想迈向科学化和理性化发展奠定了重要的思想基础。

（二）提高脑力劳动的重要地位，恢复教育与劳动相结合的本义

在此之前，人们普遍认为劳动教育只是通过体力劳动锻炼人的身体和意志，并不关注脑力劳动的价值。改革开放后，国家坚持德智体全面发展、又红又专、知识分子与工人农民相结合、脑力劳动与体力劳动相结合等教育方略，脑力劳动在劳动教育中的价值受到重视，劳动教育有了更广泛的内涵与现实价值。邓小平不断修正人们关于将劳动简单视为体力劳动的错误认识，强调"不论脑力劳动，体力劳动，都是劳动。从事脑力劳动的人也是劳动者"[①]，这破除了对劳动教育的偏颇认识。随着"以经济建设为中心"的基本路线确立，党的教育方针也作出了相应的调整。尤其是 1981 年发布的《中国共产党第十一届中央委员会关于建国以来党的若干历史问题的决议》，扭转了前一时期那种轻视教育科学文化和歧视知识分子的错误的观念，强调要"坚持德智体全面发展、又红又专、知识分子与工人农民相结合、脑力劳动与体力劳动相结合的教育方针"[②]，进一步将脑力劳动摆在更为重要的位置。总体而言，这既是基于那时国家现代化建设对人才的迫切需求，也是国家对劳动教育认识深刻变化的结果。因为教育与经济建设和社会发展不是相互孤立的，教育可以为现代化建设提供充足的智力支撑。

---

① 邓小平 . 邓小平文选 1-3 卷 [M]. 北京：人民出版社，1994.

② 卢之超 .《关于建国以来党的若干历史问题的决议》与理论研究工作 [J]. 教学与研究（北京），1981(6)：10.

四、高校劳动教育的转型与整合时期（1993—2011）

中共中央、国务院 1993 年出台的《中国教育改革和发展纲要》明确指出，加强劳动观点和劳动技能的教育，是实现学校培养目标的重要途径和内容。各级各类学校都要把劳动教育列入教学计划，逐步做到制度化、系列化，社会各方面要积极为学校进行劳动教育提供场所和条件。加强劳动观点和劳动技能教育被确立为建设有中国特色社会主义教育体系的主要原则之一。《中国教育改革和发展纲要》拉开了劳动教育现代化转型的序幕，推动了劳动教育逐渐走向制度化和规范化。这一时期，劳动教育在转型探索中不断深化发展，呈现出以下特征。

（一）教育与生产劳动相结合成为劳动教育重要政策

1995 年颁布的《中华人民共和国教育法》将"教育必须为社会主义现代化建设服务，必须与生产劳动相结合，培养德、智、体等方面全面发展的社会主义事业的建设者和接班人"正式载入法律。此时，"教育与生产劳动相结合"成为劳动教育的焦点，劳动教育政策由前一阶段的服务于思想改造转轨为培养四个现代化建设人才。中共中央、国务院 1999 年出台的《关于深化教育改革，全面推进素质教育的决定》强调，要加强体育、美育、劳动技术教育和社会实践，使诸方面教育相互渗透、协调发展，促进学生的全面发展和健康成长，旨在加强劳动技术教育与其他教育交互融合、协调发展，培养出适应新世纪的劳动人才。这为把我国劳动教育政策推向 21 世纪，开拓劳动教育新局面奠定了重要基础，尤其是在科学技术是第一生产力和社会主义市场经济条件下，高等教育如何适应市场经济发展，全面提升学生适应社会能力，教育与生产劳动相结合关系重大。

（二）单一劳动实践转向综合教育实践发展

这一时期，我国进一步加强了对社会实践活动的指导，要求各高校把社会实践活动列入教育计划，把劳动教育列入教学计划及具体课程设置中，高校劳动教育逐渐从单一劳动实践转向综合教育实践。这一特征集中体现在高校劳动课形式的重大转变上，从理念上看，是"坚持教育与社会实践相结合"的重要表征；从实践上看，国家在高等教育领域内加快整合各类教育资源，逐步探索将劳动教育的多元功能与课堂教学、课程组织有效结合的路径。如将劳动教育正式列入教学计划，提升劳动教育的课程地位和学科地位。推行综合实践课程，使劳动教育由单独设课正式转向综合实践活动课程的多元实施方式。综合实践活动课程充分发挥学科性和实践性相结合的优势，引领资源整合和综合素质培养，实现了劳动教育发展的新跨越。但也有学者指出，劳动教育课程的地位在综合实践活动课程中被降低，劳动教育的思想被削弱，忽视和淡化了人文性、教育性。

（三）强化学生劳动观念和劳动精神培养

教育与生产劳动相结合作为实施素质教育的重要途径，生产劳动与科技活动、其他社会实践相并列，被界定为社会实践的一种方式。20世纪90年代高校招生考试制度没有把劳动教育纳入考试录取范畴，社会主义市场经济发展和财富分配制度的变革也带来了社会分层和劳动关系的复杂性变化，社会上轻视体力劳动的观念还日加重。于是，中共中央、国务院1999年颁发的《关于深化教育改革，全面推进素质教育的决定》强调，"各级各类学校要从实际出发，加强和改进对学生的生产劳动和实践教育，使其接触自然、了解社会，培养热爱劳动的习惯和艰苦奋斗的精神"，"高等学校要加强社会实践，组织学生参加科学研究、技术开发和推广活动以及社会服务活动。利用假期组织志愿者到城乡支工、支农、支医和支教"，增加了"热爱劳动的习惯"和"艰苦奋斗的精神"等内容，强调劳动要与社会实践活动相结合。此后，国家出台的一系列政策文件进一步强调高等学校要发挥积极作用，增强学生热爱劳动、崇尚劳动的观念，进一步弘扬劳动精神。如中共中央、国务院 2010 年出台的《国家中长期教育改革和发展规划纲要（2010—2020 年）》明确提出，要"加强劳动教育，培养学生热爱劳动、热爱劳动人民的情感"，将学生劳动观念和劳动精神培养作为劳动教育的重要目标。

五、高校劳动教育的科学化发展时期（2012 年至今）

2012 年，在全面建设小康社会的关键时期和深化改革开放、加快转变经济发展方式的攻坚时期，党的十八大隆重召开，对我们党团结带领全国各族人民继续全面建设小康社会、加快推进社会主义现代化、开创中国特色社会主义事业新局面具有重大而深远的意义。党的十八大以来，我国进入了社会主义现代化发展的新时代，劳动教育也在新时代迎来了新的发展契机。习近平新时代中国特色社会主义思想进一步发展了马克思主义劳动观，开创了新时代中国特色社会主义劳动教育的新境界。在高校综合素质评价稳步推进、立德树人教育体系逐步完善的背景下，国家进一步重视高校劳动教育，并通过一系列法律法规提升了高校劳动教育工作的地位，确立了劳动教育在我国教育制度中的重要地位。

（一）劳动教育思想不断焕发生机与活力

2013 年，习近平总书记在全国劳动模范代表座谈会上提到："人民创造历史，劳动开创未来。劳动是推动人类社会进步的根本力量。幸福不会从天而降，梦想不会自动成真。实现我们的奋斗目标，开创我们的美好未来，必须紧紧依靠人民、始终为了人民，必须依靠辛勤劳动、诚实劳动、创造性劳动。"[①]2016 年，习近平总书记在知识分子、劳动模范、青年代表座谈会上的讲话中指出，"人类是劳动创造的，社会是劳动创造的。劳动没有高低贵贱之分，任何一份职业都很光荣。广大劳动群众要立足本职岗位诚实劳动"。[②]2018 年，习近平总书记在全国教育大会上提到："要在学生中弘扬劳动精神，教育引导学生崇尚劳动、尊重劳动，懂得劳动最光荣、劳动最崇高、劳动最伟大、劳动最美丽的道理，长大后能够辛勤劳动、诚实劳动、创造性劳动。"[③]同时，习近平总书记为加强青年学生劳动教育提出了新要求，指出要"培养德智体美劳全面发展的社会主义建设者和接班人"，从教育方针的高度突出强调劳动教育的重要地位，我国劳动教育进入了新的历史发展时期。2019 年 5 月，习近平总书记在纪念"五四运动"100 周年大会的重要讲话中，再次强调把劳动教育纳入社会主义建设者和接班人的培养序列。2020 年，习近平出席全国劳动模范和先进工作者表彰大会时再次强调，要大力弘扬劳模精神、劳动精

---

① 习近平 . 习近平谈治国理政 [M]. 北京：线装书局，2022.

② 习近平 . 在知识分子、劳动模范、青年代表座谈会上的讲话 [N]. 人民日报 .2016-04-30.

③ 习近平 . 在全国教育大会上的讲话 [N]. 人民日报 .2018-09-11.

神、工匠精神。习近平总书记从国家战略方针的高度对劳动教育育人铸魂的重要作用给予肯定，是新时代党和国家优先发展教育的理性自觉，也是劳动教育自身价值新的诠释，使劳动教育在新时代不断焕发生机与活力。

（二）劳动教育在政策规划和落实中不断完善

2014 年 6 月，教育部党组发布的《关于学习贯彻习近平总书记六一重要讲话精神的通知》指出，为"充分发挥社会实践在培育和践行社会主义核心价值观中的养成作用，将社会主义核心价值观细化为贴近学生的具体行动"，应组织学生参加生产、创造、创新等实践教学活动，并规定相应的学时和学分。2015 年 7 月，教育部等各部委相继发表有关劳动教育的重要意见，指出劳动教育在贯彻党的教育方针要求、实施素质教育和培育践行社会主义核心价值观方面具有难以估量的重要作用。同年修订的《中华人民共和国高等教育法》新增了"为人民服务"与"社会实践"相结合等内容。这一修订立足时代发展，休现了劳动教育在我国高等教育改革发展中的重要地位，彰显了劳动教育目标在高等教育中的价值取向。2020 年 3 月，中共中央、国务院印发《关于全面加强新时代大中小学劳动教育的意见》，要求建构新时代中国特色社会主义劳动教育体系，把劳动教育纳入人才培养全过程，贯通大中小学各学段，贯穿家庭、学校、社会各方面。具体而言，就是根据教育目标，针对不同学段、类型学生特点，以日常生活劳动、生产劳动和服务性劳动为主要内容开展劳动教育。结合产业新业态、劳动新形态，注重选择新型服务性劳动的内容。至此，劳动教育作为新时代中国特色社会主义教育制度重要内容的地位得以最终确立。总体而言，这些重要文件和论述，丰富和发展了党的教育方针，具有重大的时代价值，同时也为高校加强劳动教育提出了新任务和新要求。

（三）高校劳动教育为大学生终身发展奠定了坚实基础

进入新时代以来，我国高等教育始终坚持以全面发展、以人为本的战略思想促进学生的全面发展。为了使广大学生获得积极的劳动体验、养成良好的劳动习惯并形成热爱劳动的观念，国家先后建立了多种类型的社会实践基地，许多高校也建立了形式多样的劳动教育实践基地和出台了相关配套措施，旨在通过一定劳动知识和技能的传授，使广大学生形成健全的人格和良好的思想道德品质。实现大学生终身发展的可持续目标，既需要在大学生学习生涯的全过程融入劳动教育，也需要在大学生招生考试及劳动教育实践中不断落实综合素质考核评价。通过在高校大力推进劳动教育实践，弘扬劳动精神，积极引导学生崇尚和尊重劳动，使大学生在成人成才过程中做到辛勤劳动、诚实劳动和创造性劳动，有助于充分彰显劳动教育对人的自身价值的关怀。与此同时，国家也给予了必要的意见指导，如2014年国务院印发的《关于深化考试招生制度改革的实施意见》，明确指出要建立包括学生思想品德、学业水平、社会实践等内容的综合素质档案。其中，劳动教育便作为一项重要的社会实践内容被纳入学生综合素质评价环节。可以说，将劳动教育作为综合素质评价的重要参考，可以为学生的全面发展奠定坚实的基础，助力大学生迈向成人成才的终身发展之路。

第三节　高校劳动教育的功能与性质

一、高校劳动教育的功能

在马克思主义者看来，劳动教育的本质目标是通过适当的教育途径培育具有健康劳动价值观、追求社会正义、实现体力脑力结合，以及养成具有自由个性的全面发展的人。新时代教育背景下，离开劳动教育就无法实现高等教育的基本功能，任何劳动教育都带有各个教育阶段的特征。高等教育不等同于劳动教育，也就是说，高等教育既要进行劳动教育，也要进行理论知识与实践技能的学习。从现阶段高等教育的实际来看，开展劳动教育具有如下基本功能。

（一）提升大学生政治素养

在新时代背景下，随着生活质量不断提升，人们所具有的吃苦耐劳、艰苦奋斗以及坚持不懈的良好品质不应发生改变。对于高校大学生而言，他们是未来参加国家建设的重要组成部分，大学生政治素养在整个教育体系中处于核心地位。切实提高大学生的政治素养，增强大学生使命担当，既是高校劳动教育的重要内容，也是培养社会主义建设者与接班人的重要环节。因此，要培养大学生自身的政治能力，让大学生充分正确认识到中国特色社会主义制度的优势，并深刻把握我国劳动人民当家作主的现实意义，从而在劳动中增加对人民的情感。

　　首先，提高大学生的马克思主义理论水平。马克思主义的立场、观点与方法是高校马克思主义理论教育的重要内容。马克思在《资本论》中强调，生产劳动同智育和体育相结合，它不仅是提高社会生产的一种方法，还是造就人全面发展的唯一方法。此外，教育与劳动相结合是促进生产力发展、保障人类社会生存以及推动社会进步的前提条件，是马克思主义唯物史观的基本内容之一。故通过劳动教育可以帮助高校大学生深入理解与认识马克思主义理论，运用马克思主义理论武器正确理解人类发展的客观规律，促进大学生不断地增长才能。

　　其次，促进大学生明辨人类文明的前行方向。在当代现实生活中，不少大学生对人类文明及其走向的认知容易受到干扰，甚至理解错误。因此，阐释劳动在人类文明产生和发展史上的重要作用以及二者内在演进的辩证规律，理解马克思主义唯物史观与唯心史观的历史分野尤为重要。通过劳动教育，可以对上述问题正本清源，同时对提高大学生的马克思主义理论水平有重要的意义和价值。

　　最后，深化大学生对社会主义核心价值观的认识。吃苦耐劳、艰苦奋斗等精神既是中华民族自古以来发展的重要根基，也是社会主义核心价值观的重要组成部分。因此，培养与增强高校大学生对社会主义核心价值观的认同，必须加强劳动教育价值观的养成实践。正如习近平总书记强调："要身体力行向全社会传播劳动精神和劳动观念，让勤奋做事、勤勉为人、勤劳致富在全社会蔚然成风。"①要让高校大学生清晰地认识到把我国建设成社会主义

---

　　①　习近平.在乌鲁木齐接见劳动模范和先进工作者、先进人物代表向全国广大劳动者致以"五一"节问候[N].人民日报.2014-05-01.

现代化强国离不开劳动。引导大学生深入劳动的具体情景之中，深化对社会主义核心价值观以及劳动价值观的认识与理解，培育大学生的劳动品质与劳动精神。营造劳动教育观与社会主义核心价值观相融合的良好氛围，从而培养大学生正确的政治素养。如组织大学生参与课程内容的实践活动与生活劳动，使学生在劳动实践过程中体验理论与实践的相结合，潜移默化地将"富强、民主、文明、和谐、自由、平等、公正、法治、爱国、敬业、诚信、友善"等社会主义核心价值观融入其中。

（二）培养大学生道德品质

新时代背景下，高校劳动教育能对大学生进行价值观点的引导、思想的熏陶以及行为习惯的训练。高校作为高素质劳动者最重要的培养平台，其培养目标必须符合"社会主义劳动者"这一要求。随着中国特色社会主义迈入新的历史阶段，高校大学生既要崇尚劳动、热爱劳动、尊重劳动，更要树立正确的劳动价值观，形成良好的劳动习惯，培养高尚的劳动情操与劳动情怀等。但是，这些品质与能力并非与生俱来，唯有通过劳动教育，亲身践行，大学生才有可能真正认识到劳动创造世界的真理。正如马克思所言：人能够通过实践创造对象世界，改造无机界，人证明自己是有意识的类存在物。这深刻揭示了劳动可以赋予人思想意识的规律。习近平总书记强调："要在学生中弘扬劳动精神，教育引导学生崇尚劳动、尊重劳动、懂得劳动最光荣、劳动最崇高、劳动最伟大、劳动最美丽的道理，长大后能够辛勤劳动、诚实劳动、创造性劳动。"[①] 这为高校劳动教育的顺利实施与提升大学生道德品质指明了

---

① 习近平. 在全国教育大会上的讲话 [N]. 人民日报 .2018-09-11.

方向。

首先，劳动培养大学生责任感。责任是大学生对自身的行为与选择等所承担的职责，而责任感则是高校大学生对互动交往、学习工作以及社会生活等所具备的行为品德，其基本形成是由外在的社会规范内化为个体的自我规定与自我认同的过程，从而确立责任感。高校劳动教育能够有效帮助学生获得自我意识与他者意识，从而真切地感受到劳动实践过程中的责任感。据此，高校德育借助劳动教育帮助大学生学会区分他者与自我的角色差异，学会如何承担责任，如何在生活中保持良好的社会责任感。

其次，劳动磨炼大学生意志力。幸福都是奋斗出来的，人民对美好生活的向往必须通过奋斗得以实现，为实现中华民族伟大复兴的中国梦，我们必须弘扬艰苦奋斗的拼搏精神与劳动意志力。然而，随着我国经济社会的快速发展，高校部分大学生逐渐表现出功利主义倾向，产生了不劳而获、安逸享受思想，这就导致了部分大学生对"勤劳致富"的认同感较低。因此，在新时代教育背景下，高校要培养大学生艰苦奋斗的劳动精神，强化大学生艰苦奋斗的政治本色、锻炼大学生拼搏努力的意志品质，从而确保新时代高校学生具有良好的道德状态与积极向上的精神风貌。

最后，劳动培养大学生协作精神。实践证明，劳动过程中所成的精神品质是学生成长成才的关键因素。劳动促使人在生产和生活中不断克服困难，经历心智考验，劳动使人懂得生产和生活中的互助、团结和协作是社会关系的纽带，更是社会关系的规则。通过劳动教育可以促进大学生能力的全面发展，通过集体的生产劳动更能培养和激发出大学生的集体主义精神、内在纪律和组织能力等多种精神品质，这些精神品质将会形成一种定力，无论将来面对怎样的变化，他们的理想和信念都不会轻易动摇。

（三）提高大学生创新能力

正如苏霍姆林斯基所言：劳动教育人们成为真正有思想的人，赋予个人和集体丰富的精神生活，给予他们思维的欢乐。不能认为劳动教育同思想和教学无关。劳动能使人聪明，使人具有创造精神，使人变得高尚。国务院 2015 年印发《中国制造 2025》提出，要坚持创新驱动发展战略，将科技与经济发展相结合，全面培养高素质复合型技术技能型人才。高校大学生作为我国现代化建设的主力军，应具备时代所需要的创新能力与创新素养，这也是劳动精神的核心要义。

首先，激发高校大学生的创新潜能。我国大学生多数比较勤奋，但在以分数高低论成败的背景下，他们埋头苦读，缺少劳动。高校要改变这一现状，加强对大学生的劳动教育，为他们搭建更多的实践平台，提供锻炼的机会。教师要指导大学生参加劳动，让他们大胆尝试，手脑并用。教育者不能面面俱到，应要让大学生尽可能在劳动的过程中验证所学的理论，鼓励他们探索未知领域，激发他们的创造潜能。

其次，增加大学生创新的知识储备。继承是创新的首要前提，创新是继承的必然要求。劳动教育就是生产劳动与教育的结合，一方面，高校教师传授大学生劳动理论知识、劳动技能应用以及劳动文化常识等，拓宽大学生所学的广度，培养劳动教育实践过程中提出问题、发现问题、分析问题以及解决问题的能力，促进大学生创新能力的发展，进而为大学生未来的创新打下坚实的文化根基。另一方面，高校教师通过组织大学生参与劳动，将理论与实践相结合，归纳总结劳动知识，积累实践经验，进而夯实劳动创新的实践基础。

最后，培养大学生独立思考的能力。判定高校大学生是否有创新能力的关键在于学生是否有独立思考的意识和品质。如何将培养高校大学生独立思考的能力落实在教育环节，便需要教师引导大学生参加劳动，在劳动过程中循循善诱、教育启发，而不是教师代思、代劳、代做。特别是在劳动教育过程中遇到问题时，应鼓励学生自己思考、自己动手、自己解决。这样既增强了大学生独立思考的意识，也提高了他们的创新能力。

（四）促进大学生德智体美全劳面发展

高校劳动教育实践活动是一项有计划、有组织、有目的地培养大学生综合素养的实践活动，劳动教育与美育、体育、智育以及德育互融互通，立足于马克思主义劳动教育观，有效将教育与生产劳动相结合，通过教育实现学生的全面发展。新时代教育背景下，把劳动教育纳入教育方针是新时代发展的必然趋势，既符合大学生的成长成才发展规律，也顺应社会发展对人才素质的内在要求。在劳动实践过程中，大学生会深刻理解劳动的教育价值与意义，形成良好的劳动习惯与培养正确的劳动情感，将自身所学习的理论知识与技能有效地运用到实践之中，通过实践将进一步检验所学知识，不断内化努力奋斗的道德品质，有效增强身体素质并提升审美能力和审美情操。

首先，以劳树德。劳动作为沟通主客体世界的媒介之一，有助于促进高校大学生道德素养的形成。中共中央、国务院 2019 年印发《关于全面加强新时代大中小学劳动教育的意见》指出，要通过劳动让学生深入理解马克思主义劳动观，树立劳动最光荣、劳动最崇高、劳动最伟大以及劳动最美丽的观念；体会劳动创造美好生活，培养勤俭、奋斗与创新等精神。为此，培养高校大学生良好的道德品质，帮助大学生形成正确的人生观、价值观与世界观。

其次，以劳增智。劳动能够让大学生清晰地认识到劳动对象、客观世界等。在劳动实践过程中，高校大学生可以利用劳动理论与劳动技能加深所学的专业知识，真正将所学知识转为隐性知识，激发自身学习的创造力与创新力，从而提升知识水平与能力素养。

再次，以劳强体。在加强劳动教育过程中，鼓励高校大学生积极参加日常生活劳动、生产劳动与服务性劳动，这不仅可以身体锻炼，还可以磨炼高校大学生的奋斗精神、意志品质，帮助大学生树立良好的劳动习惯与劳动行为。

最后，以劳育美。美育是审美教育，也是情操教育和心灵教育，不仅能提升人的审美素养，还能潜移默化地影响人的情感、趣味、气质、胸襟，激励人的精神，温润人的心灵。美育与劳动教育相辅相成、相互促进，新时代的劳动教育最终也必然落实到对学生审美人格的培养上。新时代的劳动教育倡导一种基于劳动基础之上的现代审美人格的培育，让学生在劳动中发现美、欣赏美和创造美，在自我价值感的获得中达成一种美的人生境界。

二、高校劳动教育的性质

2020 年 7 月，教育部印发的《大中小学劳动教育指导纲要（试行）》指出，劳动是创造物质财富和精神财富的过程，是人类特有的基本社会实践活动。劳动教育是发挥劳动教育的育人功能，对学生进行热爱劳动、热爱劳动人民的教育活动。当前实施劳动教育的重点是在系统的文化知识学习之外，有目的、有计划地组织学生参加日常生活劳动、生产劳动和服务性劳动，让学生动手实践、出力流汗、接受锻炼、磨炼意志，培养学生正确的劳动价值观和良好的劳动品质。劳动教育是新时代党对教育的新要求，是中国特色社会主义教育制度的重要内容，是全面发展教育体系的重要组成部分，是大中小学必须开展的教育活动。总体而言，高校劳动教育应有鲜明的思想性、突出的社会性和显著的实践性。高校劳动教育必须将马克思主义劳动观贯彻始终，强调劳动是一切财富、价值的源泉，劳动者是国家的主人，一切劳动和劳动者都应该得到鼓励和尊重；提倡通过诚实劳动创造美好生活、实现人生理想，反对一切不劳而获、崇尚暴富、贪图享乐的错误思想。同时，必须加强学校教育与社会生活、生产实践的直接联系，发挥劳动在个人与社会之间的纽带作用，引导学生认识社会，增强社会责任感，注重分工合作，体会社会主义社会平等、和谐的新型劳动关系。高校必须面向真实的生活世界和职业世界，引导学生以动手实践为主要方式，在认识世界的基础上，获得有积极意义的价值体验，学会建设世界、塑造世界、塑造自己，实现树德、增智、强体、育美的目的。具体而言，高校劳动教育的性质表现如下：

（一）育人性

劳动教育通过实践活动体现育人性，但异化的劳动不具备育人功能。要真正实现劳动教育的育人性，必须坚持"以生为本"，充分发挥高校大学生劳动教育的主体意识，真正实现由利己向利他转化、劳动教育理论与实践的有机统一。第一，在开展劳动教育过程中最大限度地发挥大学生主观能动性，引导其养成尊重劳动、崇尚劳动、热爱劳动的习惯，让其在劳动中体验乐趣、在劳动中收获成长、在劳动中实现个人价值与社会价值的有机统一。第二，劳动教育育人的可持续依靠人性化的制度、规范和准则。因此，要充分考虑当代大学生心理特征及其现实需求，根据其身心特点以及当代现实社会需要，制定行之有效的劳动教育育人方案和制度准则，切实将劳动育人制度化、系统化、规范化。

（二）综合性

劳动教育的综合性主要体现在脑力劳动与体力劳动的结合。人的脑力劳动是以体力劳动为基础的，没有体力劳动的支撑，脑力劳动便会失去存在的意义；同时，脑力劳动的持久性与思辨性也对体力劳动的长期性与持续性提出了要求。具体而言，劳动教育同一般劳动教育形式一样，都是体力劳动与脑力劳动相结合，主体向客体实施劳动教育过程中，更多体现的是思维与思维、思维与精神等之间的交流与对话，集中体现在以脑力为主、体力为辅的综合性劳动。

（三）奉献性

劳动教育实践过程包含了高校教育环境的多变性、学生思想状况不稳定性等因素，这就决定了劳动教育不是一个简单的付出式劳动，而是一种追加劳动。劳动教育的成效在某种程度上往往不能短时间被预见，它需要长期性、持续性地付出，但又不能简单地以劳动付出时间的长短来衡量劳动价值，这就造成了劳动主体的收获与付出不成正比例的现象，这就需要劳动教育主体发挥奉献精神以实现劳动教育的目的。具体而言，一是劳动教育活动的榜样示范必不可少。在劳动教育过程中，注重言传身教、以身作则的作用，树立良好的劳动榜样，这样才能使劳动教育的内容更具有说服力，才能使教育活动取得良好的效能。二是劳动教育工作本身要具有奉献精神。随着我国经济社会的不断发展，劳动教育的外部环境不断变化，劳动教育对象的素质也随之提高，这就对劳动教育的主体提出了较高的要求。

马克思指出，从单纯的一般劳动过程的观点出发，实现在产品中的劳动，更确切地说，实现在商品中的劳动，对我们表现为生产劳动。但从资本主义生产过程的观点出发，则要加上更贴近的规定：生产劳动是直接增殖资本的劳动或直接生产剩余价值的劳动。劳动教育本身所具有的生产性，主要包含高校劳动教育主体生产精神产品与生产物质产品两类。具体而言，一是在劳动教育过程中，通过不断研究会生成社会发展所需要的劳动价值观、劳动道德品质等一系列理论成果。这些成果就是高校劳动教育主体所产生的精神产品。二是高校劳动教育的对象是学生，高校运用党的指导思想教育引导高校大学生，将大学生培养成为有理想、有道德、有文化的时代新人。高校教师通过自身的劳动将自身所具有的劳动观念、劳动素质、劳动精神、劳动理论与技能等传授给大学生，并引导他们转化为自身所有的劳动品质。可以说，高校教师通过劳动教育为社会主义现代化建设培养劳动力，这也是劳动教育主体所产生的间接物质产品。

第三章　高校劳动教育的内容体系

第一节　劳动观念

劳动观念的养成是高校劳动教育内容体系的第一个维度，也是所有劳动教育内容中最核心的要求。我国教育发展进入了新的历史时期，作为新时代的大学生，要树立和形成正确的劳动观念，这对培养社会主义建设者和接班人具有重要意义。2013 年 4 月，习近平总书记在同全国劳动模范代表座谈时强调："劳动是推动人类社会进步的根本力量。"2020 年 3 月，中共中央、国务院发布的《关于全面加强新时代大中小学劳动教育的意见》指出："通过劳动教育，使学生能够理解和形成马克思主义劳动观，牢固树立劳动最光荣、劳动最崇高、劳动最伟大、劳动最美丽的观念。"劳动是每位公民所拥有的光荣义务与权利，要克服错误的思想倾向，明确"劳动是人类的本质活动"，并自觉地接受劳动锻炼与劳动教育，在劳动实践中不断追求幸福感，并始终坚信劳动会养成一个人良好的道德素质。劳动观念的养成是高校劳动教育的核心内容，要将树立正确的劳动意识，养成良好的劳动习惯，形成尊重劳动、崇尚劳动与热爱劳动的劳动态度，把培育大学生"四最"导向的劳动价值观作为劳动教育内容体系中的首要内容，以全面提升学生的劳动素养。

一、正确的劳动意识与良好的劳动品德

树立大学生正确的劳动意识、养成良好的劳动品德是全面提升新时代大学生劳动素养的内在要求，是高校劳动教育实施的首要内容。劳动意识与劳动品德两者之间相辅相成、相互促进，唯有具备良好的劳动意识，才能养成良好的劳动品德。劳动意识直接决定着劳动者的情感态度、价值判断以及行为选择，使其在该意识支配下形成热爱创造、热爱劳动等价值观。劳动习惯则是个体在长期劳动实践过程中所养成的尊重劳动、热爱劳动的行为方式。2015年，在庆祝五一国际劳动节暨表彰全国劳动模范和先进工作者大会上，习近平总书记强调："中华民族是勤于劳动、善于创造的民族。正是因为劳动创造，我们拥有了历史的辉煌；也正是因为劳动创造，我们拥有了今天的成就。"①劳动是人类有目的、有意识的活动。马克思指出，"最蹩脚的建筑师"一开始就比"最灵巧的蜜蜂"更高明，因为他不仅使自然物发生形式变化，同时他还在自然物中实现自己的目的，这个目的是他所知道的，是作为规律决定着他的活动的方式和方法，他必须使他的意志服从这个目的。可见，正是在这种意识的支配下，人的劳动既能获取某种劳动财富与劳动报酬，满足人的物质需求，也能够使人身心愉悦，促进人的身体健康发展，以此来满足自身的需求，故劳动意识逐渐被强化。现阶段，大学生对自身内心的认识往往存在模糊性，对真实世界的认识也是表象的，而打开问题的钥匙之一就是劳动，大学生只有通过劳动教育才能逐渐建立正确的世界观、人生观以及价

---

① 习近平.在庆祝"五一"国际劳动节暨表彰全国劳动模范和先进工作者大会上的讲话[N].人民日报.2015-04-29.

值观，这对于塑造大学生的劳动观念、培养大学生的劳动意识与劳动品德具有重要意义。

（一）劳动意识方面

观念是行为的先导，大学生的劳动意识并非与生俱来，良好的劳动意识是通过学习获得的，而非自发生成的。一方面，让大学生明白"劳动是财富的源泉，也是幸福的源泉"，在劳动创造中，把自己的理想同祖国的前途、把自己的人生同民族的命运紧密联系在一起，扎根人民，奉献国家；摒弃"不劳而获""少劳多获"的投机思想，正确认识劳动的复杂性与多样性，由衷认同"劳动没有高低贵贱之分，任何一份职业都很光荣"的道理。另一方面，需要借助一定的教育手段和教育方式，将劳动教育与思想政治教育、家庭教育相融合，大力宣传大国工匠、劳动楷模等先进人物事迹，激发大学生勤劳勇敢、自强不息的劳动情感，在精神层面对大学生产生升华与引领作用，从而使大学生真正明确劳动是实现人类全面而自由发展所必需的实践活动，更是促进社会进步与发展的根本途径。

（二）在劳动品德方面

良好的劳动品德不仅是一个人劳动精神的外在体现，更是成为一个幸福劳动者的内在需求。通过劳动和创造去播种希望，收获果实。大学生高尚的心灵是在劳动中培养起来的，要让大学生多参加劳动。因此，高校要通过实施系统化与科学化的劳动教育，着力纠正学生中存在的眼高手低、轻视劳动、逃避劳动的不良行为，纠正"凡事皆可代、万物皆可买"的"消费主义"思维，从打扫寝室卫生、清洁实训现场等点滴小事做起，从自我生活劳动做起，有目的、有计划地在系统的文化知识学习之外组织学生参加日常生活劳动、生产劳动和服务性劳动，引导学生在积极参与劳动实践中锤炼意志品质、增长本领才干，从而养成良好的劳动品德。

二、尊重劳动、崇尚劳动与热爱劳动的劳动态度

培养大学生积极的劳动态度既是大学生劳动实践、创造性劳动的前提与基础，也是高校劳动教育的重要内容。大学生的劳动态度是指大学生从事劳动的动机以及在劳动中的行为价值，即大学生对劳动的认识和以此为指导所采取的行动。在新的历史时期，培养大学生积极的劳动态度就是要消除大学生对劳动的偏见与怠慢，形成劳动最光荣、劳动最伟大的价值观念与尊重劳动人民、珍惜劳动成果的积极态度，进而尊重劳动、崇尚劳动与热爱劳动。

（一）在尊重劳动方面

从历史发展上看，尊重劳动是被不断强化的。从古代的"勤劳并行、轻劳动重民本"，到近代"劳工神圣"，再到现代"劳动最光荣"的理念倡导，彰显着我国尊重劳动的生成逻辑与实践样态。换句话说，无论是中华优秀传统文化，还是中华民族精神，历来都是以尊重劳动的。尊重劳动的价值取向讲究有力地推动着中国特色社会主义进入新时代，助力实现中华民族伟大复兴的中国梦。在新时代背景下，大学生劳动幸福感的获得离不开对劳动的尊重，当大学生诚实劳动得以被尊重时，就会从劳动中感受自我存在的意义与价值。诚如李大钊所言："我觉得人生求乐的方法，最好莫过于尊重劳动，一

切乐境，都可由劳动得来，一切苦境，都可由劳动解脱。"① 高校学生作为劳动的主体，我们在尊重劳动的基础上，更要尊重劳动者本身。正如习近平总书记所说："在我们社会主义国家，一切劳动，无论体力劳动还是脑力劳动，都值得尊重和鼓励；一切创造，无论是个人创造还是集体创造，也都值得尊重和鼓励。"② 具体而言，一是引导大学生诚实劳动。要求大学生在劳动过程中按照高校的规章办事、诚实守法，以职业道德、劳动美德等严格要求自我，帮助大学生摒弃弄虚作假、好逸恶劳、追求眼前利益以及投机取巧等观念。无论时代如何变迁，高校必须让大学生充分认识到唯有依靠自身的诚实劳动才能获取幸福，并走向成功。二是引导大学生敬畏劳动。诚如阿尔贝特·施韦泽所言："只有当人认为一切生命都是神圣的，包括人的生命和一切生物的生命都是神圣的时候，他才是伦理的"。因此，当人将劳动视为自身的本质的时候，敬畏劳动实际上就意味着敬畏生命。故高校在遵循敬畏劳动者生命态度的同时，要大力弘扬艰苦奋斗、勤俭节约等优良传统，消除大学生"尊富弃贫"的思想，时刻教育大学生对他人的劳动成果必须怀有敬畏之心，对劳动者和劳动成果给予充分的爱惜与尊重。

（二）在崇尚劳动方面

崇尚劳动是对劳动的一种认识，即认为劳动价值有大小，劳动分工无贵贱美好的生活是通过劳动得来的。世界上没有一种真正有价值的东西，是可以不经过艰苦辛勤的劳动而得到的。崇尚劳动体现了一个时代、一个社会的

---

① 李大钊 . 李大钊文集 [M]. 北京：人民出版社，1984.

② 习近平 . 在庆祝"五一"国际劳动节暨表彰全国劳动模范和先进工作者大会上的讲话出版 .[N]. 人民日报 .2015-04-30.

劳动文化，蕴含着对劳动的崇高性的高度认同和自我内化。从宏观层面来看，在科学信息技术高度发达的今天，我们必须清醒地认识到，劳动仍然是创造价值的根本来源。无论是生产劳动还是劳动外延的不断深化，均呈现出崇尚劳动的价值源泉。党的十九大明确提出要营造"劳动最光荣"的社会风尚，社会主义核心价值观所提倡的"敬业"，就是对劳动的热爱与崇尚。可见，一个国家或一个民族无论站在何种历史方位，崇尚劳动始终是永恒的主题，这也是推动国家发展、社会进步与家庭幸福的关键所在。甚至崇尚劳动应该成为每个公民坚定的信仰，唯有通过劳动，国家才能兴旺，人民才能创造幸福而美好的生活。相反，如果不鼓励青年人从基层做起，而是任由他们一味地追求工作的"光鲜亮丽"，忽视成功背后的汗水，就难以美梦成真。从微观层面来看，崇尚劳动就是要求大学生必须摒弃对体力劳动固有的偏见。新时代，高校需以马克思主义劳动理论、中国传统劳动观以及中国特色社会主义实践等视角对崇尚劳动的本质、价值以及意义等进行解读，防止大学生片面化与单一化地将劳动理解为生产中的体力劳动。高校要引导大学生在实践中挖掘劳动的乐趣，从观念上消除劳动分等级的狭隘思想。此外，高校应该更加注重引导大学生牢固树立"历史由人民创造"的观念，崇尚任何形式的劳动都应受到平等的尊重，不管是从事体力劳动还是脑力劳动，也不论劳动付出量的大小，唯有崇尚劳动才能播种希望，收获成果。

（三）在热爱劳动方面

《左传》有云："民生在勤，勤则不匮。"热爱劳动是中华民族的优秀传统，绵延至今。然而，在历史上，劳动往往成为卑贱和劳累的代名词。辛苦劳动的奴隶被奴隶主看作"会说话的工具",农民的劳动成果受到了地主阶级的残酷剥削,资本家无偿占有了由工人创造的剩余价值,"劳心者治人,劳力者治于人"的传统观念在许多人的头脑里根深蒂固。事实上,劳动是最光荣的,只有劳动才能创造美好生活,爱劳动的人将永远焕发出美丽动人的光彩。这是因为,基于对劳动的热爱,劳动者充分发挥聪明才干,提高劳动效率,并在劳动过程中充分体会到劳动带来的满足感与喜悦感,实现自我价值。相反,如果不能将热爱劳动内化于心,那么劳动则会异化为外在的枷锁,从而使劳动者无法充分获取劳动过程中受益终身的宝贵财富。新时代高校要培养大学生热爱劳动的价值取向与真挚情感,明白劳动的真正意义与价值。高校要在把握劳动教育规律的同时,注重劳动教育内容的时效性与系统性,科学地构建劳动实践体系,着力优化大学生的专业实习实训,并借助多元主体力量,形成协同育人的劳动教育新格局。因此,高校劳动教育的内容体系中,要把培养热爱劳动的态度作为一项重要内容,在劳动教育过程中锤炼品质、增长本领,让大学生去感受劳动的快乐与幸福,使之产生热爱劳动的真挚情感。

三、"四最"导向的劳动价值观

任何教育活动都具有一定的价值目标,而这种价值目标在很大程度上规范着教育的价值内容,并反映一定的价值诉求,劳动教育也不例外。《关于全面加强新时代大中小学劳动教育的意见》明确指出:"通过劳动教育,使学生能够理解和形成马克思主义劳动观,牢固树立劳动最光荣、劳动最崇高、劳动最伟大、劳动最美丽的观念。"这一定位是对马克思关于劳动创造世界、创造历史、创造人本身的劳动价值观的继承与发扬，也是对新形势下出现的种种拜金主义、享乐主义、投机主义思潮的拨乱反正。新时代教育背景下，高校要积极引导大学生体验劳动、理解劳动的时代意蕴与本质，全面提升劳动素养，逐渐树立"四最"劳动价值观，倡导大学生以辛勤劳动参与到社会建设之中，使之在劳动实践中实现社会价值与个人理想，这是新时代全面加强劳动教育的重要任务与课题。

（一）劳动最光荣

一是要让大学生平等地看待各行各业的劳动者，懂得"劳动最光荣"。高校要积极引导大学生认识到劳动者在价值创造中的主体地位。我国是人民当家作主的国家，任何人任何时期都不能抹杀劳动者的地位与价值。然而，随着现代文化娱乐与社交网络平台的兴起，部分大学生认为网络经济赚钱较快，又不用过多体力劳动，于是看不起一线工人、农民工等群体。亟待多元主体形成强大的育人合力，帮助大学生纠正这种错误的观点。劳动是没有高低贵贱之分的，每一份工作都是光荣的。劳动创造价值，我们需要改变对职业的偏见，任何工作都有没有高低贵贱之分，需要学习德国人、日本人的工匠精神，有的人就喜欢修汽车，有的人喜欢干环卫工作，精益求精，三百六十行，行行出状元。青年人选择职业时应该选择自己热爱的事业。因此，唯有劳动光荣的观念浸润心灵才能焕发新时代大学生的劳动精神，并让大学生以更大的热情投入社会劳动，从而实现更高的价值。

（二）劳动最崇高

二是要让大学生弘扬与继承劳动精神，懂得"劳动最崇高"，崇高的劳动精神源于崇高的劳动者，新时代涌现出诸多的大国工匠以及劳动模范等，他们用自身的行为诠释着何谓劳动精神。作为新时代的高校大学生，更要弘扬与继承劳动精神，无论做任何工作都要脚踏实地、勤奋努力，树立远大的理想，并将个人梦与中国梦相融合，敢于担当时代重任。具体而言，大学生不仅要专注于自身的专业学习，不断地提升自身的理论与实践能力，认真对待工作与生活，更要有甘于奉献的精神品质。新时代的大学生多为00后，自我意识强烈，部分大学生只认识到要通过劳动促进个人发展，实现个人价值，但是忽视了评价人生价值的基本尺度是通过劳动为社会作出了多少贡献。此外，高校要加强大学生劳动精神培养，让大学生深刻理解劳动是我们生存于世界最为神圣的活动，并以此作为引领大学生的价值取向，从而促进大学生全面发展。

（三）劳动最伟大

三是要让高校大学生在大格局视野下认识劳动的本质，学会懂得"劳动最伟大"。马克思认为，劳动创造对社会的进步与发展起到重要推动作用。在新时代背景下，必须要让大学生明确认识两点：一是伟大事业是由劳动创造的。深刻理解中华人民共和国成立以来取得的伟大成就是由劳动所创造的，中国特色社会主义的大厦是由一砖一瓦砌成的，人民的美好幸福生活是由一点一滴创造的。如在抗击新冠疫情的斗争中，钟南山、李兰娟等专家、一线医务工作者、疾控工作者、公安民警等虽然承受了难以想象的心理与身体压力，但凸显了其自身的价值，作出了巨大的贡献，是新时代最可爱的人。二是树立正确的人生导向。高校要积极引导大学生追逐正确的"梦想"，通过生动的劳动教育使大学生崇尚劳动模范，学习劳模精神，感受劳动者的伟大与崇高，使"劳动最伟大"成为新时代的有力强音。

（四）劳动最美丽

四是要让高校大学生明白劳动过程是人们按照美的规律改造世界的过程，是最能体现审美精神与人的本质力量的活动。中华民族是善于创造的民族，全体人民戮力同心建设中国特色社会主义现代化强国，不断开创历史新格局，释放创造潜能，在劳动中建成了今天美丽的国家。通过劳动教育让大学生树立"劳动最美丽"的劳动价值观，见证、感悟普通劳动者的美丽，明白"不劳动可耻、不劳动低劣、不劳动渺小、不劳动丑陋"的道理。

第二节 劳动知识

劳动知识的学习是高校劳动教育内容体系中的第二个维度，也是高校劳动教育实施开展的重要载体。新时代对劳动教育提出了新的要求，加强高校大学生劳动知识学习，既是劳动教育的基础，也是培养大学生树立科学劳动观的主要依托。大学生通过劳动教育要获取的既包括专业学习相关的劳动规范和技能知识，也包括与通用性劳动相关的知识，如劳动伦理、劳动法律法规以及劳动就业保障等方面的知识。通过相关劳动知识的学习，可以高校大学生对专业知识的实践把握与现实理解，从而为未来的就业工作奠定坚实基础。本书从高校劳动知识的类型和获取途径出发，指导高校开展劳动知识学习的相关工作。

一、劳动知识的类型

与中小学阶段不同，高等教育阶段的专业性更强，学生毕业后距离劳动力市场更近。因此，高校劳动教育要进一步增强学生的专业应用能力和劳动创造能力，更加突出专业性劳动知识与通用性劳动知识的融合提升。

（一）要引导学生结合专业学好专业性劳动知识

是否掌握专业知识，在一个人从事某项具体工作时其技能水平和实际工作效果是有明显差异的。能否通过反复实践操练，将所学知识转化为改造事物的专业技能，对专业知识学习效果同样有着重要的影响。当前，高校主要通过劳动规范、劳动技能等形式来组织大学生获取专业性劳动知识。具体而言，专业性劳动知识的教育主要是结合学生专业知识的学习和技能的训练而开展的劳动教育。劳动伴随人的一生是因为人的日常生活离不开劳动，人的专业工作离不开劳动。因此，在劳动知识技能培养中主要涉及日常劳动知识技能培养和专业劳动知识技能培养两个方面。通过科学系统规范的日常生活劳动知识技能培训，一方面可以提高学生的学习兴趣，使其感受到科学劳动的魅力。另一方面，也能为学生专业劳动素养的提升发挥良好的基础铺垫作用。开展清晰的日常生活劳动知识教育并布置日常生活劳动实践作业，是提高学生日常劳动知识技能的必要手段。专业劳动知识技能培养需要更加注重学生的实际动手能力。扎实做好实习实训工作，加强协同育人体系构建对于提高学生专业劳动技能十分必要。

（二）要引导学生掌握通用性劳动知识

通用性劳动知识就是在教育实践中通用性、迁移力较强，在专业社群中认同度较高的知识，是在教育知识体系中占据中心位置的教育观念理论、实践知识等的统称。当前，高校主要通过劳动伦理、劳动法律等形式来开展大学生通用性劳动知识。具体而言，一是劳动伦理。劳动伦理是大学生在劳动过程中表现出来的对劳动关系的稳定的心理特征和倾向，是责任意识和道德情操的反映，包括劳动责任意识、劳动主体意识、劳动风险防范意识、环保意识、劳动诚信意识等。劳动伦理教育不仅是提升大学生劳动价值认知的重要手段，也是对学生知、情、意的训练。高等教育不仅以劳动技能的学习为核心，更要以构建劳动认识、激发劳动情感、培育劳动品质为目标，体现劳动教育的伦理要求。二是劳动法律法规。对高校大学生进行与劳动相关的法律法规的教育，包括劳动法律法规的学习，保护自身劳动权益意识的培养等。高校大学生作为即将走向社会的劳动者，要通过对劳动法律法规的学习，不断提升自身劳动法律法规意识，懂得如何保护自身劳动权益。在遇到劳动责任事故、劳动纠纷案件、劳动违法事件时，高校大学生应通过劳动法律法规保护自己合法的劳动权益，更好地实现就业择业。2007 年颁布新《中华人民共和国劳动合同法》的颁布和实施，标志着我国已经基本建立了完善的社会主义劳动法律制度。对高校大学生进行劳动法律教育要以《中华人民共和国劳动合同法》《中华人民共和国劳动法》《中华人民共和国劳动争议调解仲裁法》等为主要学习内容，向学生介绍劳动合同为用人单位有关的条款是如何规定的，以及用人单位规章制度的约束力要求，使大学生明确哪些情形适用于劳动合同法的规定。此外，还要说明受到伤害时是如何保护自己权益，要向学生介绍雇佣合同、劳动合同等的区别，介绍关于人身损害赔偿请求的注意事项和个人权益保护问题。在高校大学生劳动教育过程中，要高度重视劳动规范教育，这有利于高校大学生充分了解我国劳动法的基本精神和主要内容，做到依法劳动，并保护自己合法的劳动行为和劳动成果。

二、劳动知识的获取途径

高校要通过多种途径引导学生获取上文中提到的专业性劳动知识和通用性劳动知识。具体而言，大学生可以通过以下途径获取劳动知识。

（一）专题讲座

以劳动教育专题讲座作为新时代高校大学生劳动教育思想交流与互动的重要载体，既能够为高校劳动教育提供持续性的动力，也有助于培养大学生形成尊重劳动、崇尚劳动、热爱劳动的积极态度。高校劳动教育专题讲座具有广泛性、丰富性与多元性等特征。在宏观层面，通过专题讲座可贯彻落实国家教育方针，围绕培养社会主义建设者和接班人的核心任务，落实劳动教育这一发展理念，使高校大学生成为建设社会主义的时代新人；在微观层面，通过专题讲座来培养大学生实干精神，树立吃苦耐劳的劳动品格，加强对高校大学生的劳动教育，让大学生能够在潜移默化的过程中受到教育，这是树立大学生正确劳动教育观念、培育劳动教育情怀以及鼓励大学生主动参与劳动实践的重要抓手。

（二）经典阅读

高校要引导学生回归劳动教育经典阅读，使学生了解马克思主义劳动观的基本内容，从马克思恩格斯的经典著作中找到劳动教育的理论根据，厘清党在各个时期关于劳动教育的思想。具体而言，一是通过"马克思主义基本原理概论"的教学将经典理论和原理解读结合起来，让学生既知其然，又知其所以然，让学生领略马克思主义经典书目的理论深度和思维魅力，树立具有理论思维的系统劳动观念。二是阅读马克思关于劳动教育思想意蕴的经典书目来理解"劳动是价值的唯一源泉"、重视劳动者的主体地位和劳动的力量、劳动观植根于劳动群众以及生产劳动与教育相结合的相关内容等。马克思主义经典著作的思想意蕴为高校劳动教育提供了重要的理论依据，为进一步焕发高校大学生劳动热情、释放劳动创造潜能奠定理论基础。三是深入理解党在不同时期的教育方针，尤其注重把握劳动在新时代的内涵和使命。在新时代背景下，要加强习近平新时代中国特色社会主义思想的学习，明确劳动人民是国家的主人，为劳动人民谋幸福，依靠劳动人民实现中华民族的伟大复兴，是中国共产党坚持人民立场、牢记初心使命的重要内核。此外，认真学习与深刻体会习近平总书记关于劳动精神、劳模精神等的相关论述，培育大学生劳动教育价值取向，引导大学生认同劳动最光荣、劳动最伟大的价值观。

（三）课程研习

课程是高校进行劳动教育的主要形式，通过设置劳动教育课程，可以让大学生系统学习劳动理论知识、实践技能，培养大学生劳动观念、劳动精神与劳动意识等。《关于全面加强新时代大中小学劳动教育的意见》强调：把劳动教育纳入人才培养全过程，设置劳动教育课程，努力构建德智体美劳全面培养的教育体系。《关于全面加强新时代大中小学劳动教育的意见》对高校劳动教育课程作出了制度性安排与原则性规定，为高校劳动教育课程设置提供了重要的政策依据。劳动教育课程是学生获取劳动知识的主渠道。当前，大部分高校依据国家政策相关文件，积极创造条件，开设劳动教育课程，丰富和完善课程体系，创新劳动教育内容和形式。具体而言，学校在劳动教育课程建设中要注重以下三点：一是重视课程内容质量，将劳动教育内容渗透于学科教学中。高校教师作为课程的主要实施者，不仅应充分了解与把握课程内容，还要做到以一种"润物细无声"的方式将劳动教育内容融入不同学科专业教学内容之中。如通过循序善诱的教育方法不断地将劳动创造历史、劳动创造世界、劳动创造人本身等劳动观念渗透入"思想道德修养与法律基础""马克思主义基本原理概论""中国近现代史纲要"等思想政治理论课教学中，让学生树立正确的劳动观。二是劳动教育课程内容要体现时代性。随着我国教育高质量的发展，高校劳动教育课程内容应与时俱进，紧密结合中国国情，以此改进课程内容。信息技术、通用技术与劳动教育相结合，紧扣时代性。在"创新"成为时代要求的背景下，劳动教育课程内容应融入数字化、信息化元素，培养学生的高阶思维能力和社会情感能力。设置"虚拟劳动教育实验室"，丰富劳动教育的内容与环境，以虚拟性与高交互性的方式让学生体验各行各业的独特魅力。数字世界与现实职业相结合的"虚拟劳动教育实验室"，能够拉近学生与不同职业之间的距离，增强学生对自己感兴趣职业的了解与感受。三是加强高校劳动教育课程实施的外部保障。劳动教育课程内容应与社会经济新时代的发展相适应，在建立政府支持、校企合作以及校校共享等合作机制基础上，促进高校劳动教育与创新创业教育深度融合，让大学生在创造性劳动中充分掌握劳动技能与劳动知识。

（四）主题活动

新时代高校要充分利用主题活动这一有力抓手，开展劳动教育活动，旨在引导新时代大学生养成劳动习惯、树立劳动观念、培养劳动精神，使之在劳动实践中去锻炼自身的意志品格，并将国家发展与个人奋斗同频共振，为实现中华民族的伟大复兴与教育高质量发展贡献出自己的青春力量。现阶段，开展高校大学生劳动教育主题活动的形式呈现多样化，主要体现在如下两方面：一是以校训、校史等大学精神所蕴含的劳动文化元素为主题开展劳动教育主题活动，帮助大学生树立正确的劳动观念与劳动意识。校训是一所学校办学宗旨、教育理念和人文精神的高度凝练，是学校长期形成的校风、学风和教风的集中体现。要着重挖掘校训中爱岗敬业、勇于创新等内容，让学校开展劳动教育具有航标和灵魂。在校史方面，每所高校都有其鲜明的办学特色与办学历程。挖掘高校校史中有关奋斗拼搏、吃苦耐劳、迎难而上的典型人物和感人故事，并通过系列丛书、图片、视频等方式呈现在学生面前，让他们深刻理解劳动成就梦想、劳动开创未来的道理。二是结合节假日、纪念日等开展劳动教育主题活动，打造一系列师生喜闻乐见的大学校园文化活动，让参与其中的师生感受到劳动的乐趣与魅力。目前，各高校纷纷结合我国重要节日开展与劳动教育相关的主题活动。如重庆某高校举办以"劳动最美·爱国力行"为主题的演讲比赛，主题内容涉及自己参与返乡社会实践、抗疫志愿服务中对劳动的认识，对劳动者的敬意；从火神山、雷神山医院修建中彰显的中国速度，谈到劳动工人的伟大、白衣天使保卫人民的无私精神；从古人对劳动的崇尚，谈到当代大学生应提升劳动意识……他们用真挚的情感、感人至深的故事、饱含深情的演讲，讲述了新时代大学生对劳动最真挚的理解和最崇高的敬意。此外，各高校纷纷设立"校园文化劳动月"，积极开展不同主题的劳动教育活动。例如，借助植树节、学雷锋纪念日、五一劳动节等开展形式多样的劳动主题活动，宣传劳动价值观，使大学生在参与各个劳动主题活动的同时，能够积极主动地延续我国优良的劳动传统，形成积极的劳动精神。

第三节　劳动实践

教育部 2020 年印发的《大中小学劳动教育指导纲要（试行）》指出，劳动教育的内容包括日常生活劳动、生产劳动和服务性劳动中的知识、技能与价值观。高校劳动教育具有极强的实践性，其教育内容应根据国家的相关要求，结合大学生的发展规律、认识程度以及身心发展情况等，充分发挥学校特色，利用社会资源，开展包括日常生活实践、生产实践和服务性实践性在内的劳动实践活动，形成多样化、协同化、系统化的劳动实践体系，让学生在劳动实践中体悟劳动的价值与意义，以切实解决高校劳动教育中"有教育无劳动"的问题。

一、日常生活劳动实践

恩格斯指出，劳动创造了人本身，并是整个人类生活的第一个基本条件。日常生活劳动作为创造人类社会劳动中最普遍的劳动类型，既是保障每个人存在的首要基础与前提条件，也是立足于劳动自立与自省意识的培养，并在不同生活模式下所形成的一种理想劳动状态。在日常生活劳动中大学生应做到自觉劳动、珍惜劳动成果，时刻提升自我生活能力，养成良好的劳动习惯，并能够有效地运用到生活实践之中。然而，高校大学生正处于世界观、人生观和价值观形成的重要时期，生活阅历缺乏，基本生活技能欠缺，尚未完全形成对人生的深刻体验和感悟。劳动作为沟通主观与客观的中介，有助于大学生的道德素养获得全面成长。现在的大学生很多都是"不知稼穑之艰难"，没有体验过农民"面朝黄土背朝天"的艰辛，生活上就会容易放纵和荒唐。只有亲自参与了日常生活劳动，才会深刻感受到生活的艰难，加深对劳动环节的认识，产生刻骨铭心的劳动印记。

具体而言，要充分发挥家庭和学校的协同作用。一是家庭要发挥在劳动教育中的基础性作用。注重抓住衣食住行等日常生活中的劳动实践机会，鼓励孩子自觉参与、自己动手，随时随地、坚持不懈地进行劳动，掌握洗衣做饭等必要的家务劳动技能。学生参加家务劳动和掌握生活技能的情况要按年度记入学生综合素质档案。二是学校要发挥在劳动教育中的主导作用。健全劳动素养评价制度，引导大学生每天清扫寝室，及时分类清倒垃圾，经常保持室内通风；床铺被子叠放整齐，被单平铺整齐，书籍、洗漱用品等摆放整齐，衣帽用品挂放整齐，行李入柜存放整齐；垃圾放入指定的垃圾桶内，保持地面、墙面、门面干净整洁，无积尘、无污渍、无积水、无纸屑、无果壳等；勤洗澡、勤理发、勤换洗衣服，养成良好的个人卫生习惯等。将学生寝室卫生检查、个人生活卫生检查等劳动素养纳入学生综合素质评价体系，制定评价标准，全面客观记录学生日常生活劳动过程和结果，加强日常生活劳动技能和价值体认情况的考核。

二、生产劳动实践

生产劳动作为人类社会劳动的基本类型之一，具有鲜明的社会导向性。人类的生产劳动经历了从简单劳动到原始劳动，再到复杂性劳动和创造性劳动的过程，其发展历程既体现了人类社会发展史，也体现了人类通过劳动创造美好生活的追求。在一定的社会条件下，可根据劳动的复杂程度将其分为简单生产劳动和复杂劳动。其中，简单生产劳动是指不用特殊训练，每个劳动者都能掌握的一般性劳动。引导大学生参与一定的简单生产劳动是大学生培养职业观念、增强社会责任感的重要环节，也是大学生积极融入社会的表现。生产劳动的实质是让学生在工农业生产过程中直接经历物质财富的创造性过程，体验从简单劳动、原始劳动向复杂劳动、创造性劳动的发展过程，从而使学生学会使用劳动工具，掌握相关技术，感受劳动创造价值，增强产品质量意识，体会平凡劳动中的伟大。可见，在新时代背景下，引导高校大学生积极参加生产劳动，是影响劳动教育质量的关键因素。生产劳动不是一般的生产劳动，更不是一种纯粹的生产劳动，而是具有一种教育性与学习性的劳动，并在高校专业化教师指导下，对专业学科进行理论与实践思考，从而带领学生进入生产劳动场所，开展体验、实验与验证的专业性劳动的生产过程。学生只有亲历实践过程，才能真正体悟真理、发现知识、明确操作技术，从而提高生产劳动能力。因此，各高校要根据学校办学特色，积极对接行业、企业等社会性生产平台，借力专业化学习，加强生产劳动教育，为大学生生产劳动提供丰富的生产劳动空间。

具体而言，一是实现生产劳动与教育有机结合。生产劳动与教育的有机结合作为一种教育思想，不仅造就了时代特质之人，更是新时代教育改革的必然趋势。高校培养大学生将所学的专业化理论知识与技能和未来的就业与发展相对接，从理论与实践结合的高度加强专业范围内的技能培训，学生既有扎实的专业理论知识，又有相应的动手应用能力。例如，高校要创造条件，把有研究基础和对研究感兴趣的学生吸引到教师的课题研究中，让学生在参与具体的科研工作中增长知识，培养其不懈的奋斗精神；同时，充分利用社会实践活动、社团活动和志愿者服务等学生喜闻乐见的方式，让学生了解社会、增长才干，储备未来工作生活的基本技能。更重要的是，通过劳动教育，培养学生自信心、责任心等思想品质和为中华民族伟大复兴而奋斗的意志。二是拓展大学生参加生产劳动的主要内容。工农业生产活动是最朴素的生产劳动实践，能让大学生体会到劳动的快乐，并与劳动人民建立真挚的感情。然而，随着生产劳动形态的变化，生产劳动过程中的科学技术逐渐凸显。高校大学生生产劳动教育内容的选择，必须符合当下互联网科技与生产的时代发展，体现现代科学技术在生产劳动中的有效运用，注重新兴技术支撑和社会服务的新变化，认识到现代科学技术在劳动中的强大生产力，从而树立创新意识与科学精神。三是高校要针对不同大学生的就业需求，积极给大学生提供就业实习平台，为大学生提供从事不同生产实践的机会，使之在生产劳动中逐步适应社会。如劳动教育与企业顶岗实习相结合，以劳动教育来优化顶岗实习内容，从而提高大学生劳动素养与专业技能。

三、服务性劳动实践

服务性劳动是指劳动者运用自身所储备的知识与技能，结合一定的设备与工具向他人提供的一种帮助与服务。作为劳动实践活动的类型之一，与日常生活劳动所特有的自我倾向性不同，服务性劳动具有鲜明的社会导向性、利他性以及非功利性等特点。目前，随着我国现代化进程的不断发展，服务性行业的规模越来越大，公共服务越来越重要，大学生必须在奉献社会、服务他人等方面树立正确的世界观、人生观与价值观，在多样化的服务中担当社会责任。青年时光非常宝贵，要用来干事创业、辛勤耕耘，为将来留下珍贵的回忆。新时代服务性劳动教育要培养劳动者爱岗敬业、甘于奉献的劳模精神，引导个体在帮助他人、服务集体中培养服务意识，通过参与不同类型的服务性岗位和公益性活动丰富服务技能、提升服务本领，在实践中提升社会责任感，培育良好的社会公德，共同推进社会主义和谐社会建设。可见，服务性劳动不仅可以塑造大学生正确的劳动意识，而且还可以培养当代大学生的社会责任感。以社会责任支撑劳动品德，让大学生在劳动过程中学习，并了解社会、锻炼体魄、增长专业知识与技能等，切实感受到劳动的意义，引发对自身责任与肩负使命的思考。

基于上述认识，可以从以下两方面引导与强化高校大学生服务性劳动。一是积极开展志愿者活动。鼓励大学生参加社区、志愿者、爱心扶助等义务劳动，发挥所学的专业优势，如前往孤儿院、敬老院等地进行服务，如 2020 年新冠疫情期间，无数大学生主动投身于抗疫志愿劳动之中，辅助社区防疫活动、参与流行病的大数据分析等，凸显了服务性劳动的教育闪光点。再如，广大大学生积极参加"尊老、爱老、敬老、助老"献爱心活动，帮助、空巢老人打扫卫生、清洗衣物，替老人购买日常生活用品，陪老人拉家常、谈心等。通过这些服务性劳动让大学生充分体会到劳动的意义与价值，帮助大学生提升劳动素养，树立正确的劳动价值观。二是积极开展公益性活动。如定期安排大学生参加农业生产、商业和服务业实习等义务劳动实践，利用劳动教育实践基地、综合实践基地和其他社会资源，与研学旅行、团队日活动和社会实践活动等相结合，培养大学生的活动组织能力和奉献精神。鼓励大学生协助绿化养护人员对校园绿化带内杂草进行清理，了解绿化和养护花卉的知识，掌握简单的花卉养护、浇水、施肥、修剪等技能；协助会务人员做好校内各种会议、会场的宣传布置工作，了解宣传栏、横幅等的设计、排版、制作、摆放等知识；积极参加社会组织、学校、学院举办的各种公益活动等。

第四节 劳动技能

当前，在世界新一轮科技革命与我国产业转型升级的历史交会汇际，我国工业制造业进入 4.0 时代，意味着传统的"中国制造"将被"中国智造"

所取代，不断涌现出的新技术、新产品、新业态以及新模式对劳动者的技能提出了更高要求，也为培养技术技能型人才的高等教育设立了新的发展目标。劳动技能的培养是高校劳动教育的重要内容，高校劳动教育既要通过系统地教学引导大学生掌握专业的劳动知识，奠定扎实的理论基础，又要加强专业化的劳动技能训练，使学生将理论知识转化为实际操作技能，从而提升大学生专业素质与实践能力。

一、专业性劳动技能

专业性劳动技能是大学生基于专业理论知识、技术水平以及综合运用能力等所形成的职业实践能力，是以通往未来就业与职业岗位为导向的，是新时代高校大学生劳动技能提升的关键。2020 年 3 月，中共中央、国务院印发的《关于全面加强新时代大中小学劳动教育的意见》指出：劳动教育是中国特色社会主义教育制度的重要内容，直接决定社会主义建设者和接班人的劳动精神面貌、劳动价值取向和劳动技能水平。可见，对于社会而言，只有掌握专业性劳动技能的人才才能满足中国特色社会主义事业不断进步与发展的需要。对于高校大学生而言，掌握必要的专业性劳动技能是社会生存的首要条件，更是高校劳动教育的着力点。

（一）在前期阶段，要让大学生夯实系统的理论知识

专业性劳动技能离不开专业理论与专业方法的传授，需要通过专业知识的积淀与学习才能形成。换句话说，专业性劳动技能对专业理论与专业方法的依赖不是被动的，而是一种主动应用的延展。因此，充分运用劳动理论或

专业方法进行劳动技能的教育是尤为重要的，既要考虑到我国目前科学技术、社会生产与社会条件发展的现实需求，也要考虑到大学生毕业后与社会市场需求对接的程度，以此统筹安排高校劳动技能相关的专业知识教育。在专业理论方面，自然科学知识可以为劳动技能的培训提供科学原理，高校劳动技能首先要以系统化、科学化的劳动知识为基础。在专业理论教学中，高校要引导学生注重对专业基本理论的研读，让学生在脑海中构建起基本的专业理论体系。如工科学生通过对电气知识、机械知识、企业生产知识等理论的研读，可以逐步形成专业基础素养，为日后劳动技能与相关理论知识相结合奠定基础。在专业方法方面，高等教育阶段培养的高素质劳动者，主要是以方法论为重。大学生要尽快转变对专业学习的认知观念，尤其在专业技能学习过程中，不仅要熟悉理论知识从假设到逻辑推演再到得出结论的整体认知，随时关注与跟踪专业发展的前沿动态，更新专业知识，还要注重对实操过程中存在的问题、操作流程以及注意事项进行学习，灵活掌握与运用劳动技能的专业方法。

（二）在实施阶段，高校要构建科学化的劳动技能教育

一是高校要强化校内专业实习实训环节，融"教、学、做"为一体，培养大学生的专业技术能力。为有效适应劳动新形态的发展，传统专业实训要在互联网信息技术、仿真模拟技术等方面进行全面升级，以满足大学生对服务体验、专业实操的专业性实践需求，为大学生的专业技能发展赋能。例如，物流专业可以运用三维动画技术，对整个物流活动进行模拟。当软件运行后，学生就可以了解仓库管理运营，看到仿真的整个仓库及货物情况，这时候学生就可以根据模拟的任务单，进行货物的入库、分拣、包装等实操工作。二是深度挖掘多方资源优势，开展专业实训项目。高校要加强校企合作，组成专业的项目团队，根据项目学习要求，分析规划项目的目标定位、研究方向、细分职责、素材需求、劳动工具、劳动知识理论与劳动技能等明细列表，最终通过夯实训项目实培训效果，巩固劳动技能与方法。比如，食品生产相关专业可以与校外的蛋糕店合作，组织蛋糕烘焙项目技能实训小组，由蛋糕店师傅领衔，学习设计新的蛋糕样式，并根据蛋糕制作流程要求，实际参与制作，在蛋糕制作的过程，进一步巩固理论知识学习，了解劳动注意事项与操作要求，提高实际劳动能力与技术水平。

（三）在后期阶段，高校要将技能训练纳入劳动教育评价体系

高等教育阶段开展劳动教育时，需构建一套系统的评价体系，不断推进劳动教育的有序开展。通过对大学生进行评价与激励的方式将技能训练纳入高校劳动教育评价体系，可以提升大学生参与劳动的积极性，增强劳动教育的实际效果。具体而言，可以对大学生在劳动技能训练中的成果与表现进行全方位的考核评价，通过设置劳动技能的内在与外在的两项指标，予以打分。其中，以劳动态度、职业精神与善于劳动等作为内在指标，以劳动技能的理论知识的掌握、劳动实训过程中生产技能的熟练程度、理论与实践相结合的运用程度以及劳动技能训练的实效等作为外在指标，以此形成全面的劳动专业技能评价体系。劳动技能评价结果应成为大学生全面发展的重要指标，高校应将其作为评优评先等工作的重要参考依据。

二、综合性劳动技能

随着我国社会经济发展水平的不断提升，对技术技能型人才的要求也越来越高，而加强专业性劳动教育、提升劳动技能与素养等，正是培养综合性劳动技能的基础性条件。2020年3月，中共中央、国务院印发《关于全面加强新时代大中小学劳动教育的意见》指出：通过劳动教育，使学生能够理解和形成马克思主义劳动观，牢固树立劳动最光荣、劳动最崇高、劳动最伟大、劳动最美丽的观念；体会劳动创造美好生活，体认劳动不分贵贱，热爱劳动；尊重普通劳动者，培养勤俭、奋斗、创新、奉献的劳动精神；具备满足生存发展需要的基本劳动能力，形成良好劳动习惯。可见，综合性劳动技能的培养应成为高校劳动教育的内容之一，这是满足大学生生存和发展所需的基本劳动能力，也是让大学生动手实践、应用和掌握相关技术、感受劳动创造价值、形成社会责任感的基础能力。

（一）高校要提升大学生的综合性劳动技能素养

综合性劳动技能素养是大学生在劳动实践中形成的一种综合素质，对高等教育技术技能型的人才培养有着深刻且直接的影响。新时期劳动实践活动场域发生了新的变化，并赋予劳动价值观新的内涵，高校唯有培养大学生正向积极的综合性劳动价值观，劳动过程中形成的情绪情感、自我概念、动机、品质、人际互动能力、行为习惯等，才能有效转化为综合性技术技能型人才进行设计、构想、革新与转化的价值动力。这是因为，综合性劳动技能素养的培养对大学生的成长成才具有极其重要的作用，培养大学生的综合性劳动技能成为高校教育的重要内容。其重要性具体体现在以下四方面。

一是综合性劳动技能对大学生道德的培养具有重要作用。以高校机械加工技术专业为例，高校教师依据教学目标，让大学生了解与掌握了机械加工的研究对象、工艺过程、相关概念后，通过相关短视频和图片，让大学生充分了解我国以及国际社会上机械制造业的趋势与现状，让大学生感受到我国机械制造业的先进与辉煌，从而激发他们的国家自豪感，增强学习的积极性。

二是综合性劳动技能对大学生智力的培养具有重要作用。从本质上讲，高校综合性劳动技能的培养是一项实践活动，其教学目标在很大程度上是促进大学生动手能力与动脑能力的结合。以高校艺术专业为例，结合校园文化与专业特色，开展劳动文化节，举办综合性劳动活动，如设计、绘画、剪纸等。在劳动实践环节中，大学生的思维能力会更加清晰，其想象力、创造力以及思维力等也会伴随着技术的提高而得到相应的提升。

三是综合性劳动技能对大学生眼界的开阔具有重要作用。高校大学生综合性劳动技能的培养能增强大学生的见识与阅历，让高校劳动教育更加具有深度与广度。以高校信息技术专业为例，高校引导大学生通过互联网信息技术开阔自身的眼界，充分认识到信息技术存在的价值与作用。在劳动实践过程中，将相关信息技术与技能型劳动相结合，以此来改变传统的劳动教育教学模式，为大学生提供更多自主实践、自主探索和多元化学习的机会。

四是综合性劳动技能对大学生创新能力的培养具有重要作用。高校大学生对综合性劳动技能的掌握，可以让大学生拥有良好的创新意识、创新能力以及实践能力，激发大学生的想象力与创新力。以高校物理化学专业为例，培养高校大学生对于物理化学的实践操作，有助于大学生在该专业中了解不同客观事物之间的反应规律与必然联系，让大学生明白每一种客观事物的变化均要受一定条件的制约，从而在进行创新时充分考虑制约因素。

（二）高校要提供综合性劳动技能考证的培训平台

综合性劳动技能包括单向综合劳动技能和职业综合性劳动技能两类，以学生获得相应的技能证书为标准。当前，单向综合性劳动技能证书包括普通话等级证书、外语等级证书、计算机等级证书、汽车驾驶证以及游泳等级标准等；职业综合性劳动技能证书包括各类职业资格证书，如导游资格证书、律师资格证书、教师资格证书、心理咨询师证书、茶艺师资格证书以及景观设计师资格证书等。如何帮助高校大学生获取综合性劳动技能资格证书，是高校必须重视的事情。高校要探索知识基础、实践能力与人文素养融合发展的人才培养模式，根据社会对人才的发展需求，制订科学的、切实可行的人才培养方案。以提升职业素质和职业技能为核心，优化学科专业结构，在允许高等院校扩大学科专业设置自主权的条件下，专业设置要以服务地方经济发展为前提，以就业为导向，课程设置要与职业资格考试的科目相匹配。

第五节　创造性劳动

创造性劳动是中华民族赓续发展的助推器。创造性劳动是在原有劳动知识与思维、劳动方法与内容等方面进行不断的创新与突破，以此形成高效的劳动效率与超值的社会财富。2016 年 8 月，人力资源和社会保障部、财政部在《关于深入推进国家高技能人才振兴计划的通知》中提出，"十三五"期间，国家高技能人才振兴计划要紧紧围绕人才优先发展和创新驱动发展等战略任务，培养造就一大批具有高超技艺、精湛技能和工匠精神的高技能人才，稳步提升我国产业工人队伍的整体素质。"当今世界，综合国力的竞争归根到底是人才的竞争、劳动者素质的竞争。为实现中华民族伟大复兴的中国梦，我们仍要发扬与继承创造性劳动的优质品质与劳动精神，以推动中国制造向中国创造转变。聚焦教育场域，高校要引导大学生通过社会实践、实习实训等渠道，了解社会经济发展，向他们提出解决新问题、创造新事物的要求，并将此要求不断内化于创造新事物的行动中，及时掌握现代劳动技能与科学知识，使学生实现从重复性劳动向创造性劳动的跨越式发展。

一、加强大学生创新性思维培养

创造性劳动实践活动是将脑力劳动与体力劳动有机结合，使创新性思维与劳动实践活动融为一体，寻找劳动实践活动中的创新元素，从而激发大学生在劳动创造中的探索精神、创造性思维和批判性思维。对于高校而言，要培养学生的创造性劳动能力，首先要加强学生的创新性思维培养，重点从创造性思维和批判性思维入手，开展创新性劳动教育活动。

（一）要将创造性思维培养融入劳动实践活动之中

创造性思维不同于常规思维，是人类认知新领域、开创新成果的思维互动，具有独创性、非逻辑性以及灵活性等特点。"创造"一词在《现代汉语词典》中的解释是：想出新方法，建立新理论，做出新的成绩或东西。"做出新的成绩或东西"是创造性劳动最直观的评估标准。根据马克思主义思维与存在、理论与实践的辩证统一关系，在影响创造性劳动能力的各种素养中，创造性思维扮演着重要的角色。只有劳动者具备了基本的创造性思维，才有可能在劳动实践中不断提高自己的创造性能力，产生更新颖、更有影响力的创造性劳动成果；反过来，创造性实践过程又会进一步强化劳动者的创造性思维，不断提升劳动者的创造性思维，继而形成良性循环的上升过程。因而在一定意义上可以说，创造性思维是实现创造性劳动的核心要素。

（二）将批判性思维培养融入劳动实践活动之中

所谓批判性思维，就是人们综合运用形式逻辑、非形式逻辑以及其他相关技能，对观点、判断、命题、论证、方案等一阶思维进行再思维的工具，其目标是要追求论证的逻辑明晰性和证据材料的可靠性，使人的观念和行为都建立在理性慎思的基础之上，帮助人们做出可靠的决策判断。批判性思维强调重视理性的地位，要求思考者倾向于进行理性评价，并将自己的信念和行动都建立在理性评价的基础上，其中最重要的就是恰当地使用理性进行质疑的能力。

在此意义上，批判性思维是创新人才的首要思维范式。批判性思维对理论创新而言具有重要价值，更重要的，对于创造性劳动能力的提升、高层次创造性劳动人才的培养与识别而言，批判性思维训练还具有重要的实践价值。教师要善于把劳动实践与社会现实以及学生的生活实际、思想实际结合起来，针对教学内容设计若干探索性学习研究课题，通过设置富有启发性、引导性的问题让学生解答；设置有多种解法的问题让学生思辨，设置一些问题让学生去争辩或阐释，设置一些问题让学生去联想或进行再创造等以训练批判性思维。

二、加强大学生创新创业能力培养

人工智能、大数据信息系统等新兴技术不断地影响着人们的生活，劳动形态也随之不断变革，创造性劳动正在成为高校劳动教育的重要特征。创新是社会进步的灵魂，创业是推动经济社会发展、改善民生的重要途径。全社会都要重视和支持青年创新创业，提供更有利的条件，搭建更广阔的舞台，让广大青年在创新创业中焕发出更加夺目的青春光彩。在新时代教育背景下，创新创业教育已成为我国高校创造性劳动实践活动的重要载体。高校围绕创新创业教育开展劳动实践活动，就是要引导大学生在劳动实践活动中创造性地去解决问题，深刻认识与理解新时代创造性劳动的本质，进而促进大学生德智体美劳全面发展。具体而言，就是要鼓励学生积极参加各种创新实践活动，帮助大学生理论联系实际，培养大学生的创新创业能力。

一是鼓励导学生积极参加各种国际比赛、竞赛活动，如机器人大赛奥运会、亚运会、世锦赛、艾景奖国际园林景观规划设计大赛等。

二是鼓励学生在综合性的创新创业大赛中尝试新方法、探索新技术、解决新问题，如"互联网＋"大学生创新创业大赛、"挑战杯"中国大学生创业计划竞赛、国家级大学生创新创业训练计划项目等，培养学生的创新精神和实践能力。

三是引导学生积极参加由教育部等部委主办的各类大学生学科竞赛，如全国艺术体操锦标赛、大学生数学建模大赛、大学生电子设计竞赛、大学生机械设计大赛、计算机仿真大赛、大学生结构设计竞赛、工程训练中心综合能力竞赛，"挑战杯"全国大学生课外学术科技作品竞赛等。

四是引导学生积极参加由教育厅（教委）主办的各类竞赛，如物理实验创新设计大赛、"飞思卡尔"智能车大赛、化学实验技能竞赛、生物实验技能大赛、土木工程专业结构力学竞赛、美术与设计大展、师范生教学技能大赛等。

五是引导学生积极参加由全国性学会（协会）主办的各类竞赛，如全国大学生数学竞赛、全国软件专业人才设计与开发大赛、大学生网络商务大赛、先进图形技能大赛、全国大学生英语竞赛、中国大学生原创动漫大赛等。

第四章　劳动教育课程方案设计

第一节　劳动教育课程方案设计要求

劳动教育课程方案（以下简称"课程方案"）是指导教师开展劳动教育课程活动的教学计划，是根据劳动教育目标制定的劳动教育教学工作的指导文件。它决定着教学内容总的方向和总的结构，并对劳动教育活动做出全面安排，具体规定劳动教育内容的设置，以及各项内容的教学顺序、教学时数、教学方法、教学资源与劳动教育安全预案等。

编写设计劳动教育课程方案是指导教师经常性的主要工作。指导教师在编写设计劳动教育课程方案时要完成以下四个任务：确定本次劳动教育所要实现的劳动德育任务；按照时间顺序安排课程的进程，编写出包括劳动教育课时数、劳动教育地点、劳动教育内容、劳动教育方式和方法的主题课程方案；编写出每一个详细的劳动教育专题课程方案；提出针对本次劳动教育如何改进教学、提高劳动教育教学质量的设想与举措等。

为完成劳动教育课程方案的设计任务，在设计劳动教育课程方案时要注意以下五点要求。

一、明确劳动教育课程的性质

劳动教育是新时代党对教育的新要求，是中国特色社会主义教育制度的重要内容，是全面发展教育体系的重要组成部分，是大中小学必须开展的教育活动，是大中小学必修课程。因此，指导教师要遵循教育教学规律，依托劳动教育资源，结合劳动教育课程特点，对劳动教育活动做出全面的考虑和准备，设计好符合教育规律的劳动教育课程方案。

二、熟悉劳动教育教学的特点

劳动教育教学是指教师和学生在共同实现劳动教育任务中的活动状态变换及其时间流程，它由相互依存的教和学两个方面构成。具体说来，劳动教育教学是教师根据劳动教育教学任务和学生身心发展的特点，有目的、有计划、有组织地引导学生积极主动地参加劳动教育活动，掌握劳动基础知识和基本技能，培养良好的劳动品质、劳动精神，提高核心素养，从而促进学生身心获得全面发展的过程。劳动教育过程就是要使劳动教育成为教育性劳动、发展性劳动和实践性劳动，这是劳动教育的特点和追求。

三、掌握劳动教育教学的环节

按照时间进度的不同，可将劳动教育过程分为劳动前、劳动中、劳动后三个基本阶段，简称"劳动前、劳动中、劳动后"三个阶段。

根据每个阶段及其任务的不同划分，劳动教育教学过程的基本环节主要包括劳动前的准备、劳动中的上课、劳动后的服务等。

劳动前的准备是劳动中上课的前提。为了上好课，教师在开展劳动前必须做好准备，即备好课，学生也要做好相应的课前准备。劳动中的上课是劳动教育过程的中心环节，是实现劳动教育目标的主要手段。为了保证劳动教育有效地运行，还必须对劳动教育过程进行后续的跟踪服务。为了巩固劳动教育成果，劳动后教师还要运用其他劳动形式为学生提供劳动后服务。这样便形成了以劳动前的备课为前提、以劳动中的上课为中心、以劳动后的服务为延续的循序渐进的师生互动的劳动教育过程。

四、掌握劳动课程方案的要素

指导教师编制设计劳动教育课程方案前一定要熟悉并掌握下列要素：劳动教育对象、劳动教育主题、劳动教育目标、劳动教育内容、劳动教育方式、劳动教育方法、劳动教育资源、劳动教育教材、劳动安全方案等。

五、熟悉劳动教育课程方案设计的过程

劳动教育课程方案设计的过程包括个人设计方案、集体讨论方案、现场完善方案三个过程。

（一）个人设计方案

学校和劳动实践基地分别组织相关人员围绕主题，个人先行设计课程方案。个人方案设计包括内容设计、实施流程、人员分工、安全预案编写等。

（二）集体讨论方案

课程研发团队对教师个人设计的专题课程方案进行深度沟通、研讨，取长补短，确定劳动教育专题课程方案。集体讨论方案的程序是：教师说课、团队评课、教师修订方案、教师再说课、团队评价定课。

（三）现场完善方案

到基地现场按照集体共同研发的课程方案，模拟学生的身份进行全流程体验、查漏补缺、完善课程方案。

通过三次的方案设计，将学生、学校、基地等资源完整地衔接起来，全力保障教育教学目标的实现，推动劳动教育课程设计落地。

第二节 劳动教育课程方案设计要素

设计好劳动教育课程方案是上好劳动教育课程的前提。设计好劳动教育课程方案可以加强劳动教育教学的计划性和针对性，有利于指导教师充分发挥主导作用。

劳动教育课程方案设计主要包括以下要素：课题名称、学校班级、设计人、教学课时、教学目标、教学内容、教学重点、教学难点、劳动工具、教学方式、教学方法、教学过程、劳动地点、教学链接、项目负责人、师资配置、活动经费、安全管理等。

由于校内和校外的劳动教育教学实施的区域不同，劳动教育课程方案设计要素也不尽相同，指导教师应结合劳动教学实际参考使用。

一、校内课程方案设计要素

（一）课题名称

劳动教育课题名称，简称课题名称，课题名称可以是该节课教学的主题，也可以是该节课的教学任务名称，还可以是该节课教学主要内容的总称。拟定课程名称时，要选择吸引力强、容易引起学生关注的内容，要做到课题名称意义准确、突出主题、规范简洁、富有时代气息。课题名称要求独特、新颖、有趣、真实，避免大、空、泛。

（二）学校班级

学校班级是因为参与劳动教育活动的学校及其班级，同一劳动课程内容，不同学段的学生由于认知程度不同，掌握的现有知识储备不同，接受新知识、理解新问题、解决新问题的能力也不同，因此教师的教学方法也需有所不同。这就要求劳动教育课程设计应结合学生的身心特点，设计开发适合大学多个不同学段的劳动主题。所以，教师在劳动课程设计中要注意层级性原则，因材施教、因人而异，使用不同的教育教学方法才能达到育人的目的，而不能忽略学生年级段的差别采用"一刀切"的教学方法。

（三）设计人

劳动教育课程方案设计人，简称"设计人"，是指参与劳动教育课程方案设计编写的专业技术人员，可以是学校教师，也可以是社会劳动实践指导教师。劳动教育课程的开发设计需要专业引领和科学规范，只有加强课程设计的专业性，才能真正实现通过劳动教育培养学生核心素养的目的，因此课程设计人的专业技术水平在整个劳动教育活动中至关重要。

（四）教学课时

课时是连续教学的时间单位，一课时就是一堂课所占用的时间，总课时就是完成整个劳动教育过程所占用的时间。在劳动教育教学实践中，总课时有的以课时计算，有的按劳动教育天数计算，目前尚无统一规定。劳动教育课程不同于传统的大中小学课程，课时也不能拘泥于大中小学课时，劳动教育要根据教学内容和劳动教育资源情况来具体确定。在课程设计时，指导教师要对本节课教学时间做总体安排并计划好各个教学环节所需时间。

（五）教学目标

教学目标是本节劳动教育课结束后，学生应达到什么样的要求和水平，教学目标的陈述要求具有可操作性。编写劳动教育课程方案教学目标时，可以直接参考《大中小学劳动教育指导纲要（试行）》明确的劳动教育四个方面的总体目标，即劳动观念、劳动能力、劳动精神、劳动习惯和品质。

（六）教学内容

教学目标在一定程度上决定教学内容，教学内容是实现教学目标的根本条件。在编写课程方案教学内容时，要列出该节课教学的具体内容项目，要求突出主题，言简意赅，点到为止。例如，《我来剪窗花纸，探究民俗文化》课程的教学内容可以编写为"剪窗花纸的方法技巧"，《考察赵州桥，制作桥的模型》课程的教学内容可以编写为"探究赵州桥结构、制作桥的模型"。

（七）教学重点

教学重点是依据劳动教育目标，在对劳动教育内容进行科学分析的基础上按照教学目标规定必须掌握和理解的最基本、最核心的教学内容，一般是劳动教育课程所阐述的最重要的方法、原理、规律、过程，是劳动教育思想或劳动教育特色的集中体现，对劳动教育重点的把握是劳动教育课程必须要达到的目标，也是劳动教育课程设计的重要内容。

（八）教学难点

教学难点是指学生现有水平尚不能充分理解和掌握的内容以及准备欠充分的内容。在一般情况下，使大多数学生感到困难的内容，教师要着力想出各种有效办法加以解决，否则学生不但这部分内容听不懂、学不会，还会为后续的劳动教育造成困难。重点难点的分析确定，是非常重要的项目和步骤，它为劳动教具准备、教学过程设计中的时间分配以及劳动资料收集提供依据。

（九）劳动工具

劳动工具指的是劳动教育过程中用来讲解说明某事物或者某过程的模型、实物、标本、仪器、图表、多媒体等，包括教学设备、教学仪器、实训设备、教育装备、实验设备、教学标本、教学模型等。譬如，地质考察探究劳动活动中的生物标本、矿物标本、化石、岩石及珍稀动物样品，地质博物史中的恐龙仿制品，海洋文化探究中的军舰模型，线装书制作中的纸、笔、针线、钉子、锤子、书页、尺子、夹子、剪子等，都是劳动工具。劳动课开始前就要确定本节课各个教学环节需要的教具。

（十）教学方式

目前，劳动教育主要的教学方式有考察探究、社会服务、设计制作、职业体验、党团队教育活动、博物馆参观、榜样激励等方式，应结合劳动教育教学目标、教学内容、教学资源和学生实际选择设计适当的教学方式。

（十一）教学方法

教学方法是分析、选择以及设计确定该节课使用的方法。如前所述，劳动教育课程教学方法多种多样，指导教师可结合劳动教育教学内容、教学资源、学生实际，以及自己的教学风格灵活运用，不必拘泥于某一种方法。不过，教学有教法无定法，教师既可以在已有的教学方法中选择使用，也可以根据实际设计使用一些新的教学方法，进一步提高教学水平和教学质量。

（十二）教学过程

教学过程设计是教师对整个教学过程的预期设想，以文字或图表的形式体现在教案中，也是整个教案最核心的部分，是教学方案的主要内容。要写出在劳动课堂上的基本内容，以及如何组织学生活动，怎样使学生在原有知识、技能基础上产生学习新内容的积极性，怎样突出重点突破难点，怎样导入新知，怎样组织学生参加劳动、运用什么方法、怎样操作、怎样反思等。更为详细的教学方案，还应把课堂的提问及问题的答案、提问学生的方式和提问的学生、可能出现的情况、怎样处理等，都预先写在教学方案上。教学过程设计的撰写要求结构清晰、文字叙述详细、突出重点与难点。

劳动教育专题课程的教学过程按照实施时间的顺序可分为：劳动教育前、劳动教育中和劳动教育后三个基本步骤。按照教学任务这三个基本步骤可划分为五个基本环节，即课前准备，设置问题；课堂导入，提出问题；开展新课，解决问题；教学总结，反思问题；教学评价，激励提升。这就是劳动教育课的结构，也叫劳动教育课程教学过程。在实践中，我们称为"三步五环教学法"。

二、校外课程方案设计要素

很多劳动教育课程需要到校外劳动实践基地或社区开展，因此需要增加适合在校外开展劳动教育的要素。校外劳动教育课程方案设计要素，除了上述校内课程方案最基本的设计要素以外，还要考虑劳动地点、教学链接、项目负责人、师资配置、活动经费、安全管理等要素。学生离开学校，开展劳动教育活动时，都要把这些一一设计出来，确保劳动教育教学活动规范、科学、安全。

（一）劳动地点

在设计课程方案时，劳动教育课程中涉及的全部劳动教育地点和资源地都要编写到方案里。

（二）教学链接

教学链接是指劳动教育教学内容和大中小学现行课程教材中相关联的知识链接，在劳动教育实践中亦称"教学链接"。

（三）项目负责人

项目负责人是指根据学校的派遣，负责劳动教育具体项目内容实施执行的专业人员。劳动教育教学具体项目负责人包括：学校代表、带队老师、指导教师、安全员、劳动项目专家等。在劳动教育实践中，各个具体项目负责人要岗位清晰，职责分明、各司其职、各负其责、密切配合、团结协作、齐抓共管，共同做好学生劳动教育工作。

1. 学校代表

学校代表是依据学校内部的规定，在劳动教育过程中担任某一职务或由学校校长指派代表学校依法行使学校权利、履行学校义务、开展劳动教育活动的负责人。其行为被视为学校的行为，其行为产生的一切法律权利和义务由其所代表的学校享有和承担。在劳动教育实践中，学校代表一般由副校长、教导主任、政教主任、年级主任等与劳动教育教学业务有关的学校领导担任。他们根据相关规定，代表劳动教育的主办方，负责督导劳动教育活动按计划开展实施。

学校代表理论水平较高，教学经验丰富，校外实践教学也是一般教师无法比拟的。因此，教师在开展劳动教育活动时，一定要尊重学校代表，虚心听取他们的意见和建议，不断提升劳动教育服务质量，任何轻视或否定学校代表的做法都是不正确的。设计主题课程时也要突出学校代表的身份，以便及时取得联系沟通。

2. 带队老师

带队老师是指在劳动教育活动中由学校派遣带领学生队伍开展劳动教育活动的学校教师。在劳动教育领域，带队老师则是一个有较明确权力和职责的职位。带队老师一般主要负责学生管理、纪律学风、出行住宿等问题，不涉及该劳动教育团队的专业教学、课程设计等，与教师、学校代表、劳动项目专家等专业相关职位有明显的不同。在劳动教育实践中，带队老师一般是由班主任、年级主任等与劳动教育团队学生有密切关系的学校行政领导担任，按照相关规定，带队老师全程带领学生参与劳动教育各项活动。

学校很多的带队老师都是常年工作在学生管理一线的资深教师，他们有高尚的敬业品德，有丰富的学生管理经验，平时与学生关系最为密切，是学生的直接管理者，是劳动教育团队管理的主心骨，是教师必须依靠的强大的中坚力量。因此，教师在进行劳动教育课程设计时，一定要把他们编入教案，及时提醒劳动教育各阶段的教师处理好与他们的关系，积极争取他们的支持，顺利完成劳动教育。

3. 服务人员

服务人员是指接受学校或劳动教育基地委派，为参加劳动教育活动的师生提供向导、讲解及其他服务的人员。在劳动教育过程中，服务人员只为学生提供劳动教育目的地向导、沿途风光讲解、劳动实践基地解说以及饮食、住宿、交通服务，不参与劳动教育教学活动。由于服务人员是具有丰富的校外带团服务经验的专业服务人员，有学校老师无法比拟的服务专业特长和优势，因此在设计校外劳动教育课程方案时，务必增加服务人员要素。

4. 劳动实践指导教师

劳动实践指导教师，简称教师。教师是指策划、研发或实施劳动教育课程方案，在劳动教育过程中组织和指导学生开展各类研究性学习和劳动教育体验活动的专业技术人员，教师是保证劳动教育育人质量的关键因素，只有具有专业素养的劳动教师团队，才能确保育人效果。

5. 安全员

劳动教育安全员是专门负责参加劳动教育活动的学生安全工作的专业人员。安全员的任务就是在劳动教育过程中随团开展安全教育和防控工作，在劳动教育过程中，学校或基地要按学生人数比例安排相应数量的专职安全员随团参加活动，他们不参与教学，只负责学生安全工作。

6. 项目专家

项目专家即劳动教育项目专家，是指掌握劳动教育专题课程项目的原理、技术、方法和工具，参与或领导启动、计划、组织、执行和讲解的活动，确保劳动教育项目能在规定的范围、时间、质量与成本等约束条件下完成既定目标的专业技术人员。譬如，蔬菜、果树种植课程中的园艺师、农技师，陶瓷器制作课程中的陶瓷工艺美术大师，建筑劳动课程中的建筑设计工程师等，都是劳动教育项目专家。

劳动教育项目专家在自己的研究领域或者某项目技术方面有独到的专业造诣，他们的专业水平和技能是教师和学校教师无法替代的。为开展好更专业的劳动教育课程，专业化引领劳动教育，专业的劳动教育课程应该邀请劳动教育项目专家参与实施。

（四）师资配置

劳动教育师资包括参与劳动教育活动的学校代表、带队老师、指导教师、安全员、服务人员、项目专家和其他工作人员。在实践中有的把救生人员、医务人员、安保人员、家长志愿者列入其中，安排相应的任务，赋予岗位职责，也可参考设计。

（五）活动经费

活动经费就是举办劳动教育活动需要的各种费用，包括住宿费、餐费、门票、交通费、授课费（教师授课费、授课项目专家费）、服务费（劳动机构服务费、场地租赁费、服务人员服务费)、保险费、服装费、工具材料费、教材费等。

校外劳动教育经费预算要听取劳动教育机构专业人员的意见,他们更懂行情和计算办法。

(六)安全管理

劳动教育课程涉及安全管理制度和安全防控问题,具体措施包括劳动教育安全管理工作方案,劳动教育应急预案操作制度,劳动教育产品安全评估制度,劳动教育安全教育培训制度,未成年人监护方法,地震、火灾、食品卫生、治安事件、设施设备突发故障等在内的各项突发事件应急预案等。作为劳动教育指导教师要熟悉并掌握安全管理编写设计方法。

指导教师在编写设计课程方案时,要统筹考虑,不要过分强调校内、校外课程之分。例如,校外的"安全管理""安全员""师资配置""项目专家"等要素,在校内开展活动时,也是不可缺少的要素,都可以统筹使用。因此,教师在编写课程方案时,应尽量做到全面具体、详细明了。

第三节　劳动教育课程方案设计格式

劳动教育课程方案可分为主题课程方案和专题课程方案两种。

一、主题课程方案

劳动教育主题课程方案是教师根据劳动教育活动所用的劳动教育资源单

位教材、学校教科书和学校教学总要求,结合劳动教育学生具体情况,按照劳动教育目标编制的某个特定主题的整体劳动教育进度计划。譬如,劳动教育实践上的"校园卫生大扫除劳动教育主题活动""为农服务劳动教育周主题课程""劳动实践基地主题活动三日行程单",类似于大中小学常规的"学期教学进度计划"以及"课题(单元)计划"。简言之,劳动教育主题课程方案是学校对某次劳动教育教学的总体规划与准备,是劳动教育活动的前提和依据,主题课程方案包括校内主题课程方案和校外主题课程方案两种。

(一)校内主题课程方案

校内主题课程方案要素包括:课程名称、学校班级、设计人、教学课时、教学总目标、教学内容、教学重点、教学难点、劳动用具、教学方式、教学方法、教学流程、教学评价、教学反思、安全管理等。

校内主题课程方案设计的格式主要有条目式和表格式两种。

1.条目式

条目式校内劳动教育主题课程方案如下:

校内劳动教育主题课程方案(条目式)

【课程名称】　　　　　　　【学校班级】

【设计人】　　　　　　　　【设计时间】

【学校代表】　　　　　　　【带队老师】

【指导教师】　　　　　　　【项目专家】

【教学课时】　　　　　　　【学生人数】

【课程总目标】　　　　　　【教学反思】

【教学内容】　　　　　　　【教学评价】

【教学方式】　　　　　　　【安全管理】

【教学方法】　　　　　　　【教学流程】

2.表格式

表格式校内劳动教育主题课程方案如下：

校内劳动教育主题课程方案（表格式）

课程名称						设计人	
学校班级		学生人数		带队老师		联系方式	
授课教师		项目专家		总课时		劳动地点	
课程总目标							
天数	节次	时间	课程内容及流程	教学方式	教学方法	项目专家	
第一天	1						
	2						
	3						
	4						
	5						
	6						
	7						
第二天	1						
	2						
	3						
	4						
	5						
	6						
	7						
安全管理							
教学评价							
教学反思							

（二）校外主题课程方案

校外主题课程方案要素在校内主题课程方案要素的基础上增加了劳动地点、教学链接、项目负责人、师资配置、活动经费、安全管理等要素。

1. 条目式

条目式校外劳动教育主题课程方案如下：

校外劳动教育主题课程方案（条目式）

【课程名称】　　　　　　【学校班级】

【设计人】　　　　　　　【设计时间】

【学校代表】　　　　　　【带队老师】

【指导教师】　　　　　　【项目专家】

【教学课时】　　　　　　【学生人数】

【劳动地点】　　　　　　【师资配置】

【项目负责人】　　　　　【安全管理】

【课程总目标】　　　　　【经费说明】

【教学内容】　　　　　　【教学评价】

【教学链接】　　　　　　【教学方法】

【教学方式】

【教学流程】（包含：天数、节次、教学时间、教学方式、教学方法、项目专家、负责人等）

2. 表格式

表格式校外劳动教育主题课程方案如下：

校外劳动教育主题课程方案（表格式）

课程名称						设计人	
学校班级		学生人数		带队老师		联系方式	
授课教师		项目专家		总课时		劳动地点	
课程总目标							

天数	节次	时间	课程内容及流程	教学方式	教学方法	项目专家	项目负责人
第一天	1						
	2						
	3						
	4						
	5						
	6						
	7						
第二天	1						
	2						
	3						
	4						
	5						
	6						
	7						
教学链接							
师资配置							
安全管理							
教学评价							
教学反思							
活动经费							

注：表格中的天数仅供参考。

二、专题课程方案

专题课程是指在实施劳动教育教学的过程中，为达到某一专门劳动教育教学目的或解决某一专门问题而对学生进行的劳动教育课程。如陶器制作、剪纸技术、"我是小厨师"体验、荷花盆景制作、自行车维修技术等劳动教育专题。

专题课程方案是对劳动教育专题课程目标、劳动内容、劳动方式的规划和设计，是劳动教育计划、劳动教育教材等诸多方面实施过程的总和，是对每一堂劳动教育课具体深入的教学准备，是师生对劳动教育课堂预期的教学活动的设计和描述。类似于教师的课时计划，俗称"教案"。一个完整的专题课程方案应包括：课题名称、学校班级、设计人、教学课时、教学总目标、教学内容、教学重点、教学难点、劳动工具、教学方式、教学方法、教学过程、教学总结、教学反思等。

专题课程方案包括校内专题课程方案和校外专题课程方案两种。

（一）校内专题课程方案

无论是校内专题课程方案还是校外专题课程方案，劳动教育专题课程方案的格式都有条目式和表格式两种。

1.条目式

条目式校内劳动教育专题课程方案内容如下：

校内劳动教育专题课程方案（条目式）

【课题名称】　　　　　　【授课时间】

【设计人】　　　　　　　【指导教师】

【学校班级】　　　　　　【学校代表】

【教学课时】　　　　　　【劳动地点】

【教学目标】　　　　　　【教学内容】

【教学重点】　　　　　　【教学难点】

【教学方式】　　　　　　【教学方法】

【劳动工具】

教学过程：

第一步：劳动教育前

【课前准备，设置问题】

第二步：劳动教育中

【课堂导入，提出问题】

【开展新课，解决问题】

【教学评价，激励提升】

第三步：劳动教育后

【教学总结，反思问题】

2. 表格式

表格式校内劳动教育专题课程方案如下：

校内劳动教育专题课程方案（表格式）

课题名称					设计人	
学校班级				校方代表	带队老师	
项目专家		指导教师		教学课时	授课时间	
教学目标	劳动观念					
	劳动能力					
	劳动精神					
	劳动习惯和品质					
教学内容						
教学重点						
教学难点						
教学方式						
教学方法						
劳动工具						
教学过程						
劳动前		课前准备，设置问题				
劳动中		课堂导入，提出问题				
		开展新课，解决问题				
		教学评价，激励提升				
劳动后		教学总结，反思问题				

（二）校外专题课程方案

校外专题课程方案要素在校内专题课程方案要素的基础上，增加了劳动地点、基地背景、教学链接、服务人员、师资配置等。

劳动教育专题课程方案设计的格式主要有条目式和表格式两种。

1. 条目式

条目式劳动教育专题课程方案内容如下：

校外劳动教育专题课程方案（条目式）

【课题名称】　　　　　【设计时间】

【设计人】　　　　　　【指导教师】

【学校班级】　　　　　【学校代表】

【带队老师】　　　　　【服务人员】

【安全员】　　　　　　【基地代表】

【教学课时】　　　　　【劳动地点】

【教学目标】　　　　　【基地背景】

【教学内容】　　　　　【教学链接】

【教学重点】　　　　　【教学难点】

【教学方式】　　　　　【教学方法】

【劳动工具】

教学过程：

第一步：劳动教育前

【课前准备，设置问题】

第二步：劳动教育中

【课堂导入，提出问题】

【开展新课，解决问题】

【教学评价，激励提升】

第三步：劳动教育后

【教学总结，反思问题】

2. 表格式

表格式校外劳动教育专题课程方案如下：

校外劳动教育专题课程方案（表格式）

课题名称					设计人	
学校班级				校方代表	带队老师	
项目专家		指导教师		教学课时	授课时间	
安全员				基地代表		
教学目标	劳动观念					
	劳动能力					
	劳动精神					
	劳动习惯和品质					
基地背景						
教学链接						
教学内容						
教学重点						
教学难点						
教学方式						
教学方法						
教具准备	师生和基地：					
教学过程						
劳动前	课前准备，设置问题					
劳动中	课堂导入，提出问题					
	开展新课，解决问题					
	教学评价，激励提升					
劳动后	教学总结，反思问题					

三、课程方案说明

（一）主题课程和专题课程之间的关系

劳动教育课程包括主题课程和专题课程。主题课程中的教学内容由众多专题课程构成，专题课程的内容是主题课程内容的基础，所有专题课程共同组成劳动教育主题课程。譬如，"我是小渔民"劳动教育主题课程，劳动教育内容有参观渔船、体验渔民生活、沙滩寻宝、赶海捡贝壳、木船模型制作、织网撒网等，这些专题内容就共同构成"我是小渔民"劳动教育主题。

（二）主题课程方案内容不要轻易变更

指导教师编写完主题课程方案以后，需要报给学校确认同意后才能实施。有的校外劳动教育主题课程内容，还可能涉及劳动实践基地、交通、酒店等部门单位。校外主题课程方案往往是学校、基地或者其他劳动教育服务机构，甚至是政府主管部门共同商定的，原则上不允许指导教师或者哪一家单独轻易变更，如果确需变更，则需要参与本次劳动教育教学服务的各方共同协商。因此，指导教师不要轻易变更主题课程方案内容。

（三）统筹考虑设计劳动教育课程方案

劳动教育过程的设计方案是一种最基本的、具有普遍性的、常规的劳动教育实施方案模式，更适合考察探究、社会服务、设计制作和职业体验劳动教育课程。有的劳动教育活动如团队教育活动、博物馆参观等，需要统筹考虑劳动教育教学方式和教学方法统。另外，本书提供的课程设计模式，有很多相近、相同之处，需要指导教师根据自己的工作实践实际来确定具体的、恰当的劳动教育课程设计模式，弥补某种模式的缺憾和不足，彰显劳动教育独特的育人效果。

（四）专题课程方案需要创造性、灵活性

劳动教育专题课程方案是劳动教育教学预案，不可能穷尽一切教学要素和环节，有的劳动教育课程方案则需要指导教师随着劳动教育过程的实施不断地进行调整和修订，而不是简单机械地模仿和复制。

同时，劳动教育专题课程方案的设计是一种创造性劳动，不同的指导教师有着不同的设计风格，无论是校内还是校外，实践中也不可能用统一固定的格式来要求所有的指导教师设计课程，更不提倡老师用固定的教学方法来实施同一种劳动教育活动。实践中需要指导教师发挥自己的聪明才智，作出创造性的劳动教育特色课程方案设计。只有本着教育化、实践化、生活化的原则，创造性地自主开发、自主设计，才能不断丰富劳动教育专题课程内容。但是无论哪种格式、模板和方法，劳动教育课程内容中的基本要素都是不能忽视的。

（五）专题课程方案设计要求详略得当

在劳动教学实践中，方案的详略也有不同，有详案和简案，教师不必拘泥于某一种形式，应根据自身的特点合理组织和编写教案。但新教师、年轻教师、承担一门新课教学的的老教师以及社会实践基地的指导教师，我们建议写详案；指导教师可根据自己的教学经验和教学的实际情况进行取舍。

第五章　高校劳动教育的体系研究

劳动教育发展的三大使命是立足于问题研究、着眼于学科发展、致力于实践服务。作为培养未来人才的高校，应适应时代发展的要求，从多维度为劳动教育提供长效保障体系。鉴于此，本章主要围绕高校劳动教育的法律体系、高校劳动教育的实施体系以及高校劳动教育的保障体系展开论述。

第一节　高校劳动教育的法律体系

劳动与社会保障法的历史、概念与理论是学习劳动法与社会保障法的知识基础。劳动法基础概括介绍劳动法的概念、历史、渊源、调整对象、适用范围、劳动法律关系、劳动者的权利与义务等基础知识；社会保障法基础概括介绍社会保障法的概念、历史、功能、原则、渊源、调整对象、立法模式、法律体系等基础知识。

一、劳动法

劳动法有广义和狭义之分：广义上的劳动法，是指调整劳动关系以及与劳动关系有密切联系的其他社会关系的法律规范的总称；狭义上的劳动法，一般是指国家最高立法机构制定颁布的全国性、综合性的劳动法。劳动法是工业社会的产物，以劳动力和生产资料分属不同主体为前提条件，是劳动者长期抗争的结果，也是维护劳动力市场自由平等竞争的基本规范。

（一）劳动法的形式

劳动法的形式也称劳动法的渊源，是指劳动法律规范的具体表现形式。它表明劳动法律规范以什么形式存在于法律体系中，告诉人们从何处找到劳动法律规范。在成文法国家，劳动法的渊源仅限于各种成文法；在承认不成文法的国家或地区，劳动法的渊源除了成文法外，还包括判例法和习惯法。我国劳动法的渊源主要包括以下方面。

1. 宪法中有关劳动领域事务的规定

《中华人民共和国宪法》（2018 修正版）在"公民的基本权利和义务"一章第四十二条至第四十五条对劳动领域事务做出了具体规定。第四十二条规定：中华人民共和国公民有劳动的权利和义务。国家通过各种途径，创造劳动就业条件，加强劳动保护，改善劳动条件，并在发展生产的基础上，提高劳动报酬和福利待遇。劳动是一切有劳动能力的公民的光荣职责。国有企业和城乡集体经济组织的劳动者都应当以国家主人翁的态度对待自己的劳动。国家提倡社会主义劳动竞赛，奖励劳动模范和先进工作者。国家提倡公民从事义务劳动，国家对就业前的公民进行必要的劳动就业训练。第四十三条规定：中华人民共和国劳动者有休息的权利。国家发展劳动者休息和休养的设施，规定职工的工作时间和休假制度。第四十四条规定：国家依照法律规定实行企业事业组织的职工和国家机关工作人员的退休制度。退休人员的生活受到国家和社会的保障。第四十五条规定：中华人民共和国公民在年老、疾病或者丧失劳动能力的情况下，有从国家和社会获得物质帮助的权利。国家发展为公民享受这些权利所需要的社会保险、社会救济和医疗卫生事业。国家和社会保障残废军人的生活，抚恤烈士家属，优待军人家属。国家和社会帮助安排盲、聋、哑和其他有残疾的公民的劳动、生活和教育。

2. 全国人大及其常委会制定的劳动法律

劳动法律包括专门的劳动法律和其他法律中包含的有关劳动的法律规范，其效力仅次于宪法。全国人民代表大会常务委员会通过的《中华人民共和国劳动法》（2018 修正版）和《中华人民共和国劳动合同法》（2012 修正版）是我国劳动领域两部重要的基本法。此外，在《中华人民共和国工会法》（2021 修正版）《中华人民共和国社会保险法》（2018 修正版）《中华人民共和国残疾人保障法》（2008 修正版）等法律中也包含有劳动法律规范。

3. 国务院制定的劳动行政法规

行政法规是指由国家最高行政机关即国务院制定的有关劳动的规范性文件。按照国务院 2001 年 6 月公布的《行政法规制定程序条例》的规定，行政法规的名称为"条例""规定""办法"三种，国务院根据全国人民代表大会及其常委会的授权决定制定的暂行性行政法规，称为"暂行条例"或"暂行规定"，如《职工带薪休假条例》《劳动合同法实施条例》《工伤保险条例》等。此外，还有一些由国务院发布的"决定""命令""通知"等文件也带有较强的政策性。

4. 地方性劳动法规、自治条例和单行条例

地方性法规是由省、自治区、直辖市地方立法机关（地方人大及其常委会）制定的地方性劳动法规。地方性法规在立法实践中一般称为"条例""规

定""办法""实施细则"等，如《广东省工资支付条例》等。根据宪法规定，民族自治地方的人民代表大会及其常委会有权依照当地民族的政治、经济、文化的特点，制定自治条例和单行条例，如《广西壮族自治区劳动行政处罚规定》等。

5. 劳动行政规章和地方规章

行政规章是指由国务院有关部委和具有行政管理职能的直属机构制定的关于劳动的规范性文件。如原劳动部1994年发布的《工资支付暂行规定》、原劳动和社会保障部2004年发布的《最低工资规定》等。地方规章是指由省、自治区、直辖市政府，省、自治区政府所在地的市和国务院批准的较大的市及经济特区市的政府制定规章，如《广东省劳动合同管理规定》等。

6. 我国批准生效的国际劳工公约

目前，我国已经批准生效的国际劳工公约有20多个，如《最低工资办法公约》《男女工人同工同酬公约》《劳动行政管理公约》等。

7. 法律解释及规范性文件或准规范性文件

作为劳动法律渊源之一的法律解释，一般指国家机关所做的规范性解释，这种规范性解释包括国家立法机关（全国人大及其常委会）的解释、国家司法机关（最高人民法院、最高人民检察院）的解释、中央国家行政机关（国务院）的解释、地方国家权力机关和行政机关的解释。其中，最高人民法院的司法解释占有特殊地位，如《最高人民法院关于审理劳动争议案件适用法律若干问题的解释》的公布实施，此外，中华全国总工会制定的准规范性文件也属于我国劳动法律渊源之一，如《工会参与劳动争议处理试行办法》《关于组织劳务派遣工加入工会的规定》等。

2008 年 1 月 1 日起实施的《中华人民共和国劳动合同法》是全面调整劳动合同关系的法律规范，在规范用人单位与劳动者订立、履行、解除、变更、终止、续订劳动合同中发挥着重要作用。《中华人民共和国劳动法》（2018 年修正）与《中华人民共和国劳动合同法》（2012 年修正）是一般法与特别法的关系，即《中华人民共和国劳动合同法》有规定的，优先适用《中华人民共和国劳动合同法》；没有规定的，适用《中华人民共和国劳动法》。

（二）劳动法的调整对象

劳动法的调整对象是劳动关系及与劳动关系密切相关的其他社会关系。

1.劳动关系的调整

劳动关系从广义上来讲，主体除了个体之外还包括雇主和工会组织，所以相对于狭义的劳动关系概念，广义上的劳动关系除了个别劳动关系外还有集体劳动关系。劳动关系就是劳动者与雇主之间通过劳动产生的社会关系，除了广义的劳动关系利益之外，狭义的劳动关系有着另外一些特征：

（1）劳动关系的两方是特定的，一个是劳动者或雇员，另一个是用人单位或雇主。劳动法认为劳动者是自然人，他们能够付出劳动力——脑力和体力，来通过自己的劳动创造或完成任务获取相应的报酬。而劳动法规定劳动关系当中主体的资格，劳动者需要是在一定年龄内具有劳动能力的人，而用人单位是能够对劳动者进行管理，并支付相应报酬的公司或单位。这些单位是合法的国企、事业单位、国家机关、个体经济组织或者其他民办组织等，这些劳动主体发生的雇佣关系才适用于劳动法，但是非上述企业之外的主体不能成为用人单位。

（2）劳动关系是指在劳动发生的过程当中所实现的社会关系。劳动的过程往往是劳动者和用人单位发生生产资料和工作的条件相融合。这些往往发生在集体和职业或工业劳动当中，而农业和家庭成员当中的劳动关系不需要劳动法限制。

（3）劳动关系本身带有财产和人身的属性。财产关系是由于劳动者有偿进行劳动活动，用人单位需要向劳动者付出相应报酬；人身属性是因为用人单位可以与劳动者签订劳动合同，可以依法管理和使用劳动者。劳动者也需要遵守雇主的规章制度，按合同规定履行劳动义务，这些都直接关系到劳动者权利、人格保护和生命尊严。

（4）劳动关系具有平等、从属关系的属性。劳动关系也具有从属关系和平等关系，在现有市场经济中，如果想要实现完全的理想化劳动关系，要通过劳动合同来建立契约模式。双方以平等自愿的方式建立平等关系，在劳动者和雇佣单位双方的关系当中其实是不平等的，劳动者往往是接受报酬的一方，相对处于弱势地位，但劳动关系一旦确立，劳动者就与单位有经济上、组织上的从属关系，双方之间就有了管理关系和支配关系。

2. 与劳动关系密切联系的其他社会关系调整

（1）劳动行政管理关系。主要指劳动行政部门、其他业务主管部门因行使劳动行政管理权与用人单位之间发生的社会关系。

（2）人力资源配置服务关系。如职业介绍机构、职业培训机构为人力资源的配置和流动提供服务过程中与用人单位、劳动者之间发生的关系。

（3）社会保险关系。指国家和地方社会保险机构与用人单位及其员工之间因执行社会保险政策而发生的社会关系。

（4）工会组织、监督关系。指工会在代表和维护劳动者合法权益活动中与用人单位之间发生的关系。

（5）劳动争议关系。指劳动争议的调解机构、仲裁机构、人民法院与用人单位、劳动者之间由于调处和审理劳动争议而发生的关系。

（6）劳动监督检查关系。指国家劳动行政部门、卫生行政部门等相关主管部门与用人单位之间因监督、检查劳动法律、法规执行而产生的关系。

（三）劳动法的适用范围

1. 空间适用范围

在空间适用范围上，我国劳动法较之其他部门法具有较强的地域性特征。根据劳动法的不同立法层次，我国劳动法适用的地域范围分为两种情况：一是凡由全国人大及其常委会通过的劳动法律和由国务院发布的劳动法规、规定、决定，除法律、法规有特别规定外，统一适用于中华人民共和国的全部领域（香港、澳门特别行政区除外）。二是凡属地方性的劳动法规及民族自治地方的人民代表大会制定的劳动自治条例和单行条例，只适用于该地方政府行政管辖区域范围之内。

2. 人员适用范围

（1）我国劳动法对人的适用范围。第一，我国境内的企业、个体经济组织、民办非企业单位等组织与劳动者建立劳动关系，适用劳动法。依法成立的会计师事务所、律师事务所等合伙组织和基金会，属于劳动合同签订的用人单位。第二，国家机关、事业单位、社会团体与劳动者建立劳动关系，依照劳动法的有关规定执行。在国家机关工作的工勤人员（属于工人编制的人员）与国家机关建立劳动关系，应当订立劳动合同，适用劳动法；事业单位、社会团体与其工勤人员、编外人员之间，实行企业化管理的事业单位与其工作人员之间，建立劳动关系，应当订立劳动合同，适用劳动法。

（2）依照我国现行法律规定不适用劳动法的范围。①国家机关的公务员，事业单位和社会团体中纳入公务员编制或参照公务员进行管理的工作人员，适用《中华人民共和国公务员法》。②实行聘用制的事业单位与其工作人员的关系，法律、行政法规或国务院另有规定的，不适用劳动法；如果没有特别规定，适用劳动法。为了规范事业单位的人事管理，保障事业单位工作人员的合法权益，国务院公布的《事业单位人事管理条例》已经开始实施。③从事农业劳动的农村劳动者（乡镇企业职工和进城务工、经商的农民除外）。④现役军人、军队的文职人员。⑤家庭雇佣劳动关系。⑥在我国境内享有外交特权和豁免权的外国人等。⑦义务性、慈善性劳动及家务劳动。

3. 时间适用范围

劳动法的时间效力是指劳动法何时生效、何时失效及是否有溯及既往的效力。

（1）劳动法生效的时间。一般有两种情况：一是通过或公布之日起生效，由该法律规范性文件本身明确规定，如 2008 年 9 月 18 日国务院发布的《中华人民共和国劳动合同法实施条例》即明确规定自发布之日起生效；二是通过或公布之日并不立即生效，而是在该法律规范性文件中明确规定生效日期，如《中华人民共和国劳动合同法》于 2007 年 6 月 29 日由全国人大常委会通过，该法明确规定自 2008 年 1 月 1 日起生效。

（2）劳动法的失效时间。一般有两种情况：一是法律规范性文件明确了失效时间或失效的特定条件，当失效时间或特定条件出现时，即自然失效；二是国家制定了与旧法律规范性文件内容相同或相抵触的新法律规范性文件，根据"新法优于旧法"的原则，明确规定旧法失效或不明定，旧法自然失效。

（3）劳动法的溯及力。劳动法的溯及力也可以分为两种情况：一是溯及既往；二是不溯及既往。《中华人民共和国劳动合同法》第九十七条第一款规定，"本法施行前已依法订立且在本法施行之日存续的劳动合同，继续履行"。

（四）劳动法律关系

劳动法律关系是劳动者（或者工会组织）与用人单位（雇主或者雇主组织）之间依据劳动法律规范所形成的实现劳动过程中的权利义务关系。或者说，是劳动法调整劳动关系所形成的权利义务关系。

1. 劳动法律关系和劳动关系的区别与联系

劳动的存在是劳动关系形成的前提条件，劳动法律因规范而形成；劳动法律与权利和义务相关，劳动是劳动关系的主要内容；劳动法律关系与劳动关系之间也是有关联性的，劳动关系是实现基础，法律关系是表现形式。当然只有签订法律条约（比如劳动合同）后，生成有效的劳动法律关系的才能叫作法律关系，其余的不完全是具有法律关系的劳动关系。劳动法律关系既有一般的属性也具有法律属性，但对于一般劳动关系，没有涉及法律支持的关系或不在法律规定范围内的劳动关系，都不能叫作劳动法律关系，只能称作事实劳动关系。根据以上说明可知，劳动法律关系的前提保证是具有劳动法律规范的约束，在劳动法律职责范围之内的劳动关系才有法律上的保证，依照劳动规范签署的劳动合同是形成劳动法律关系的前提条件。

劳动法律关系和事实劳动关系尽管都在劳动法调整范围内，但由于事实劳动关系不符合法定模式，尤其是缺乏劳动法律关系赖以确立的法律事实的有效要件（如未签订劳动合同或劳动合同无效等），因而不能成为劳动法律关系，但事实劳动关系中劳动者合法权益仍然受到劳动法的保护。

与劳动关系一样，劳动法律关系也有广义、狭义之分。广义上的劳动法律关系主体包括劳动者、工会组织和雇主、雇主组织，可以区分为个别劳动法律关系和集体劳动法律关系；狭义上的劳动法律关系主体包括劳动者和用人单位，仅指个别劳动法律关系。这里主要也是在狭义上使用劳动法律关系这一概念。

2.劳动法律关系的组成要素

劳动法律关系的要素是指根据劳动法律规范构成劳动法律关系不可或缺的组成部分，由劳动法律关系的主体、内容和客体三部分组成。

（1）劳动法律关系的主体。劳动法律关系的主体是指依照劳动法享有权利和承担义务的劳动法律关系参加者。学术界有"两主体说"与"三主体说"两种不同的观点。"两主体说"认为劳动者及劳动者组织（主要指工会组织）与雇主（用人单位）及雇主组织是劳动法律关系的基本主体。"三主体说"赋予劳动关系更加宽泛的含义，即将劳动关系理解为由劳方、资方、政府方共同构成的社会经济关系，实际上将劳动关系等同于社会劳动关系或产业关系，这样政府相关部门及社会相关组织也成为劳动法律关系的一方主体。劳动者作为劳动法律关系主体，必须具有劳动权利能力和劳动行为能力；用人单位（雇主）作为劳动法律关系主体，也必须具有用人权利能力和用人行为能力。

（2）劳动法律关系的内容。劳动法律关系的内容是指劳动法律关系双方依法享有的权利和承担的义务，是劳动法律关系的核心和实质。具体表现为：享受权利的一方有权依法做出一定行为或不做出一定行为，或者要求他人做出一定行为或不做出一定行为；承担义务的一方依法做出一定行为或不做出一定行为，以保证权利主体的权利和利益能够实现。

（3）劳动法律关系的客体。劳动法律关系的客体是指劳动法律关系双方的权利义务共同指向的对象，具体指劳动法律关系双方共同指向的劳动活动：对劳动者而言，是指劳动者通过参加用人单位组织的各种各样的劳动活动，实现其劳动权利和履行其劳动义务；对用人单位而言，是指通过组织各种各样的劳动活动，合理配置劳动力资源，实现其用人权利和履行其对劳动者的义务。

3.劳动法律关系的产生、变更和消灭

劳动法律关系的产生是指劳动者（或工会组织）与用人单位（或雇主团体）根据劳动法律规范和劳动合同的约定明确双方之间的权利和义务关系，是基于劳动法律关系主体双方意思表示一致而形成的劳动法律关系；变更是指劳动法律关系主体双方依据劳动法律规范，变更原来劳动合同中确定的权利和义务的内容；消灭是指劳动法律关系双方主体依据劳动法律规范终止其相互间的权利义务关系。由于劳动权利能力和劳动行为能力只能由劳动者本人亲自行使，所以劳动法律关系主体一方的变更，不是原劳动法律关系的变更，而是原劳动法律关系的消灭和新劳动法律关系的产生。

劳动法律规范虽然是劳动法律关系发生的前提，但劳动法律规范本身并不自动生成劳动法律关系。只有劳动法律事实才能引发劳动法律关系的产生、变更和消灭，劳动法律关系的产生、变更和消灭则是劳动法律事实所引发的结果。按照是否以行为人的意志为转移，劳动法律事实可以分为行为和事件两大类：①行为是指受劳动法律关系双方主体的意志所控制的法律事实（含合法行为和违法行为），包括劳动法律行为、劳动行政管理行为、劳动仲裁行为和劳动司法行为；②事件是指不受劳动法律关系双方主体的意志所控制的法律事实，包括自然现象（如自然灾害），也包括劳动能力的暂时或永久丧失（如患病、伤残、死亡等）。

（五）劳动者的权利与义务

按照我国劳动法规定，我国的劳动者是在具有法定的劳动年龄之内且具有劳动能力的、通过付出劳动换取报酬的合法自然人。也就是说，劳动者要想获得合法身份，需要具备劳动法中规定的主体应该具备的资格，比如具有劳动能力，包括行为能力和权利能力。行为能力是劳动者需要有履行自己权利与义务的能力，并能够依法行使；权利能力指的是劳动者能够享受劳动的权利并且能够承担劳动的义务。

我国劳动法规定年满16周岁公民，具有劳动能力的人是具有劳动权利和行为能力的人。无论是否为我国公民，年满16周岁是我国规定的最低劳动就业年龄。其次劳动者年龄的最高限制是男性年满60周岁，女工人、干部分别为年满50周岁和55周岁。我国的劳动年龄在16~50/55/60周岁范围之内，低于最低劳动年龄限制即为雇佣童工，是违反劳动法律规定的，如果低于16周岁发生劳动法律关系就是雇佣童工，就会涉及违法行为。

如果雇佣未满16周岁的未成年人为劳动力，劳动保障行政部门行政部门会对用工单位给予相应处罚。如果工作内容可能危害健康和安全，则需要年满18周岁以上才可以从事。如果从事的是有毒有害、强度过大的危险工作，用人单位也需要雇佣18周岁以上的劳动者。如果有单位雇佣童工发生患病或者重伤，劳动单位需要及时送医治疗，支付全部医疗费用，并承担治疗期间生活费。如果有发生拐骗、强迫从事高空井下等危险作业、国家规定的体力劳动第四级强度、不满14周岁且造成童工严重伤残或死亡的，用人单位将面临刑法处罚，拐卖儿童、强迫劳动等都是需要根据用人单位事实情况依刑法处置的。

2. 劳动者的权利

劳动者权利（劳权）是劳动法的基本范畴和基本内容。劳动者权利分为劳动者的个别权利（个别劳权）和劳动者的集体权利（集体劳权）。个别劳权是指劳动者个人独立享有并由个人自主行使的权利。集体劳权是指由劳动者集体享有并由劳动者的代表——工会组织来行使的权利。个别劳权是集体劳权行使的目的，集体劳权是个别劳权实现的保障，两者共同构成完整的劳权。《中华人民共和国宪法》对于劳动者权利做了原则性规定，《中华人民共和国劳动法》第三条对这些权利做出了更加详尽的规定："劳动者享有平等就业和选择职业的权利、取得劳动报酬的权利、休息休假的权利、获得劳动安全卫士保护的权利、接受职业技能培训的权利、享受社会保险和福利的权利、提请劳动争议处理的权利以及法律规定的其他劳动权利。"其中,《中华人民共和国劳动法》明确列举的劳动就业权、劳动报酬权、休息休假权、劳动保护权、职业培训权、社会保险权、劳动争议提请处理权属于个别劳权;《中华人民共和国劳动法》未明确列举的"法律规定的其他劳动权利",学界通常认为包括团结权、集体谈判权、集体争议权、民主参与权。

(1)劳动者的个别权利(个别劳权)。

第一,劳动就业权:享有平等就业和选择职业的权利。劳动就业权与国际人权法中的工作权同义。劳动就业权包括平等就业、自由择业、职业保障等要素。平等就业,核心是非歧视性就业。这里的歧视是一个相对开放的概念,缺乏正当理由的任何区别、差别性安排,都构成歧视。《中华人民共和国劳动法》第十二条规定:"劳动者就业,不因民族、种族、性别、宗教信仰不同而受歧视。"在现实生活中,除该规定的内容外,还有其他一些有形和无形的歧视因素,如何实现平等就业并获得有效救济须认真研究。自由择业,即劳动者享有能够按照自己的意志自由、自主选择或决定其职业,而不受限制或强迫的权利。免于强迫或强制劳动,是人人享有的重要人权。职业保障就是要求国家(政府)和社会提供有报酬的工作机会、免于因失业而丧失生存保障的权利。劳动就业权对应的义务主体是国家(政府)和社会。在市场经济条件下,无人失业是一种难以实现的理想状态,所以失业保障制度的建立健全是职业保障的核心内容之一,同时应当对与就业歧视及失业保障相关的权利赋予可诉性的制度安排。

第二，劳动报酬权：取得劳动报酬的权利。劳动报酬是广义的工资，因而又称劳动工资权。劳动报酬权在个别劳权中处于核心地位。劳动报酬权具有如下法律特点：一是具有债权的性质，表现为劳动者对雇主的请求权，对应着雇主的支付义务。我国刑法已设置"拒不支付劳动报酬罪"，明确了相关的刑事责任。二是它是劳动者生存权的基本内容之一。工资作为劳动力的价格，其直接作用是维持劳动力的再生产。因此，劳动报酬权具有第一清偿地位，优先于国家税收和民商事债权，这是绝大多数国家的诉讼法、破产法、海商法的通例。三是具有可诉性。

第三，休息休假权：休息休假的权利。休息休假直接涉及劳动者的生命权、健康权，同时对于劳动力的恢复提高、人类生命的延续、社会生产的可持续性具有决定性的影响，因此，在现代社会，休息休假权与劳动报酬权同等重要，包括 8 小时工作制、延长工时的限制、带薪休假制度等内容。

第四，劳动保护权：获得劳动安全卫生保护的权利。劳动保护权又称劳动安全卫生权或职业安全卫生权。其中，安全是指防止劳动中发生致人体急性伤害的事故或行为，即要保障人身安全；卫生是指防止劳动中人的生理和心理受各种有害因素的慢性损害，即要保障人的身心健康。我国职业安全卫生立法包括《中华人民共和国劳动法》《中华人民共和国矿山安全法》《中华人民共和国职业病防治法》《中华人民共和国安全生产法》和相应的行政法规、地方性法规、行政规章等。

第五，职业培训权：接受职业技能培训的权利。职业培训权又称职业技能培训权，该权利的义务主体包括各级政府和用人单位。《中华人民共和国劳动法》第八章"职业培训"，规定了各级政府的职责和用人单位的义务，建立职业技能资格认证制度。《中华人民共和国就业促进法》第四十六条规定："县级以上人民政府加强统筹协调，鼓励和支持各类职业院校、职业技能培训机构和用人单位依法开展就业前培训、在职培训、再就业培训和创业培训；鼓励劳动者参加各种形式的培训。"但该项权利的救济存在相对弹性，可诉性不强。

第六，社会保险权：享受社会保险和福利的权利。社会保险权又称劳动保险权或社会福利保险权，是指劳动者由于年老、疾病、伤残、失业、生育等经济无保障时，通过国家社会保险制度获得物质帮助的权利。按照《中华人民共和国社会保险法》（2018 年修正）的规定，我国社会保险主要包括五险，社会保险具有法律强制性，这与一般的商业性保险具有显著的区别。

第七，劳动争议提请处理权：提请劳动争议处理的权利。劳动争议提请处理权是指劳动者在认为发生了劳动争议的情况下，为主张其权益，向劳动争议仲裁机构、劳动行政机构、司法机构提出或申请立案，要求依照法定职责职权和程序予以裁决、处理的权利。我国于 2004 年颁布了《劳动保障监察条例》，2007 年 12 月全国人大常委会通过了《中华人民共和国劳动争议调解仲裁法》，为保障该权利的实施提供了法律依据。《中华人民共和国劳动争议调解仲裁法》规定，劳动者和用人单位申请仲裁，无须缴纳费用。如果向人民法院起诉，仅需预交 10 元诉讼费。

（2）劳动者的集体权利（集体劳权）。

　　劳动者的集体权利简称集体劳权，是指为保护劳动者集体或团体成员的权益，并使劳动关系更加公平合理、劳资合作更有效率，须由劳动者集体或团体（如工会组织）所享有并行使的权利。传统的集体劳权包括团结权、集体谈判权、集体争议权共三项权利，统称"劳动三权"或"劳工三权"，是现代劳动法的基石与核心。在当今强调产业民主、劳资合作、生产组织内部劳资共同参与和共同治理的时代，劳动者通过其集体或团体参与企业经营管理的民主参与权，也成为集体劳权的构成内容，与"劳动三权"一起统称"劳动四权"。在现代社会，集体劳权是预防和矫治劳动关系严重失衡、维系和促进劳资合作的基本制度安排。正是在此意义上，日本法学界将这些权利称为"劳动基本权"。

　　第一，团结权。团结权，又称劳工结社权或劳工组织权，具体指劳动者组织工会并参加其活动的权利，又称工会组织权。我国劳动者享有参加和组织工会的权利。《中华人民共和国工会法》第三条规定："在中国境内的企业、事业单位、机关中以工资收入为主要生活来源的体力劳动者和脑力劳动者，不分民族、种族、性别、职业、宗教信仰、教育程度，都有依法参加和组织工会的权利。任何组织和个人不得阻挠和限制。"但是，我国实行的是一元化的工会制度，中国工会即指中华全国总工会，但与工会对应的雇主组织却是实行多元化的原则，在国家层面、地方层面和产业层面，雇主可以自由成立各种雇主组织。这种团结权问题上的法律规定不对等状况亟须改善。

　　第二，集体谈判权。集体谈判权是指劳动者集体通过工会或其代表与雇主就劳动就业条件进行集体协商谈判，并签订集体合同的权利。集体谈判以签订集体合同为直接目的，集体合同是集体谈判的一种法律后果，但并非唯一的法律后果。当集体谈判破裂时，往往会出现罢工、闭厂等后果。集体谈判权实质上是一种劳资关系自治权，主要包含对等介入权（改变由雇主单方处理劳资关系的状况）、劳资立法权（集体合同是一种规范劳资双方行为的协约）、劳资共决权（在劳资关系上由双方共同决定）。需要明确的是，劳资冲突并非因集体谈判而产生和激化，集体谈判的失败只是劳资自治机制的暂时失效，而有效的集体谈判正是化解和预防劳资冲突的有效途径。

《中华人民共和国工会法》第二十条规定："工会代表职工与企业以及实行企业化管理的事业单位进行平等协商，签订集体合同。"1994 年颁布的《中华人民共和国劳动法》设定了"劳动合同和集体合同"专章，并在第三十三条规定："企业职工一方与企业可以就劳动报酬、工作时间、休息休假、劳动安全卫生、保险福利等事项，签订集体合同。"1994 年 12 月，劳动部又颁发了《集体合同规定》，对集体谈判和集体合同的施行做了具体规定。2000 年11 月，劳动和社会保障部颁发了《工资集体协商施行办法》，对集体协商谈判中的核心内容——工资协商做了具体规定。集体谈判权已经成为我国劳动者享有的一项基本权利。

第三，集体争议权。集体争议权又称集体行动权或产业行动权，是指劳资双方为在劳动关系中实现自己的需求，依法采用罢工或闭厂等手段进行集体对抗的权利。一般法律意义的集体争议权是劳资双方共有的权利，但在劳动法上通常是指劳动者一方的行动权。罢工权是其中最主要的内容。罢工权又称罢工自由权，作为一项宪法上的自由权，其意义主要在于劳动者的罢工行为不由国家或其他公共团体随意禁止或限制，雇主负有不得影响其实施颁布的不作为义务。闭厂是雇主对抗劳动者罢工唯一的法律手段，也可以认为是"雇主的争议权"，但雇主只能后发制人，否则为非法。

我国关于罢工权的立法经历了一个变化过程。中华人民共和国成立后的四部宪法中，1954 年宪法中关于公民权利的规定没有涉及罢工的内容。1975 年宪法首次规定公民有罢工的自由，1978 年宪法延续了这一规定。1982 年通过的现行宪法取消了"罢工自由"的规定。我国现行法律没有规定罢工是公民的基本权利，但也没有明确禁止公民罢工的规定，只是不提倡和不鼓励而已。但由于罢工问题客观存在，我国现行法律法规中对于如何规范和处理罢工（一般用"怠工""停工"等字样）也有相关规定。

这种规定主要分为两类：一是在特定情况下，规定职工有停工的权利。这种情况主要指生产中出现不安全因素或有人违章指挥。如《中华人民共和国劳动法》第五十六条第二款规定："劳动者对用人单位管理人员违章指挥、强令冒险作业，有权拒绝执行。"《关于加强乡镇企业劳动保护工作的规定》第九条指出："职工有权拒绝违章指挥；险情特别严重时，有权停止作业，采取紧急防范措施。"这里的"拒绝执行""停止作业"即是允许停工。二是发生罢工事件时如何处理。《中华人民共和国工会法》第二十七条规定："企业、事业单位发生停工、怠工事件，工会应当代表职工同企业、事业单位或者有关方面协商，反映职工的意见和要求并提出解决意见。对于职工的合理要求，企业、事业单位应当予以解决。工会协助企业、事业单位做好工作，尽快恢复生产、工作秩序。"可见，我国现有的劳动立法对于企业劳动者合理的罢权是在一定范围和程度予以承认的，但还不够明确、完善。

第四，民主参与权。民主参与权是指劳动者通过其组织或代表与雇主方建立制度化的常设性机构，对劳资关系和其他经营管理事务共同决策和监管的权利，这是一项比传统的劳动三权更高层次的权利。如果说劳动三权更注重的是劳资之间的利益差别和矛盾，民主参与权则更注重双方的共同利益和劳资合作。民主参与权源自产业民主或工业民主理论，是在 1945 年以后逐步发展起来的，分享经营管理权（雇员参与企业经营方针和管理制度的制定）、分享利润（雇员参与企业分配方案的制订并分享工资外的生产成果）、尊重人格（劳动过程的管理要体现人性化原则）是民主参与权的三大要素。

职工民主参与在我国称为民主管理。现行的《中华人民共和国宪法》第十六条规定："国有企业依照法律规定，通过职工代表大会和其他形式，实行民主管理。"第十七条规定："集体经济组织实行民主管理，依照法律规定选举和罢免管理人员，决定经营管理的重大问题。"《中华人民共和国劳动法》第八条规定："劳动者依照法律规定，通过职工大会、职工代表大会或者其他形式，参与民主管理或者就保护劳动者合法权益与用人单位进行平等协商。"《中华人民共和国工会法》第六条规定："工会依照法律规定通过职工代表大会或者其他形式，组织职工参与本单位的民主决策、民主管理和民主监督。"另外，在《中华人民共和国公司法》等相关法律中对于职工的民主参与权也都有规定。以职工代表大会制度为主，包括工人董事和工人监事制度、职工持股制度、厂务公开制度等在内的民主参与制度，保障了我国职工的民主参与权。但是，随着市场化改革的深化，基于公有制的理论逻辑设置的以职工代表大会为基本模式的职工民主管理制度遇到了严峻挑战，特别是大量外资企业、民营企业的出现，使得原有的民主管理体制难以运行。

3. 劳动者的义务

依据《中华人民共和国劳动法》《中华人民共和国劳动合同法》等法律法规的规定，我国劳动者的义务主要有：①完成劳动任务，即依照劳动合同约定或法律规定亲自完成工作任务；②提高职业技能；③执行劳动安全卫生规程；④遵守劳动纪律（遵守单位内部的劳动规章）和职业道德；⑤履行劳动合同、保守秘密、参加社会保险。

（六）用人单位的权利与义务

作为劳动法律关系主体的用人单位，应具有相应的主体资格。用人单位的用人主体资格一般依存于民事主体资格，即是否具备合法的经营资格。具有合法经营资格的用人单位，即同时具有用人权利能力和用人行为能力。用人单位若不具备合法资格雇用劳动者，将会受到法律追究。对于已经招聘劳动者，且劳动者已经付出相应劳动而未获得应有报酬的，用人单位需要按法律要求及时向劳动者支付相应报酬，并依法支付赔偿金和经济补偿。如果给劳动者造成其他损害的也应支付相应赔偿，承担相应责任。

1. 用人单位的权利

用人单位可以享有以下五方面权利：录用职工、劳动组织、劳动报酬分配、规定劳动纪律、决定劳动法律关系的存续。录用职工是指用人单位有权利按照国家法律法规和招聘规则，择优录取适合的劳动者，可以自主决定录用职工的时间、数量、形式等，可根据企业要求择优录取职工；劳动组织是指用人单位可根据国家法律规定制定用人需求、确定相应招聘机构和编制,可根据劳动表现任免和聘用相关的技术与管理人才,可根据用人单位需求调整组织内部人员架构,对组织内劳动者具有指挥和监督权利;劳动报酬分配是指用人单位可按国家规定制定薪酬制度,确定工资管理办法,可自行决定员工薪酬,对于员工晋升、涨薪、降级、减薪的时间和条件有权利自主控制;劳动纪律指用人单位有权利制定员工的劳动纪律,也有权利进行员工的奖惩制度;决定劳动法律关系的存续是指用人单位可根据员工实际表现有权利决定是否与员工签订续约、暂停或解除劳动关系等决定,同时也有权利单方面解除劳动合同。

2.用人单位的义务

用人单位主要义务有:根据员工表现支付相应报酬;保护和帮助员工;注意员工的人身安全;合理分配任务;按照国家法律规定、按照劳动法执行法律法规、制定劳动标准;培训工对员;服从相关部门的管理和监督,积极配合相关部门的行动等。

二、社会保障法

自有人类历史以来,如何保障人类经济是每个不同形态的社会都要面对的问题。从古至今,社会中一些人无法独立生活,只有政府、社会等其他社会成员帮助他们,才能够保证他们的基本生活需求,因此,每个国家的政府会进行扶贫、救灾等社会活动,目的在于减少阶级之间的矛盾,使社会更加稳定。以英国为例,于1601年颁布了《济贫法》。18世纪末,德国制定了社会保险制度以保障工业化社会的发展。1935 年，美国罗斯福总统签署的《社会保障法》中"社会保障"（Social Security）一词第一次在正式的文件中出现，在此之前，有与社会保障相同的政策或者相关的实践活动，但是没有专有名词可以概括这些内容。相关的国际组织和很多国家都接受了"社会保障"这个专有名词，社会保障是将政府和社会作为责任主体的社会安全保障制度。

（一）社会保障法的原则

社会保障以解决国民生存保障问题并促进社会经济协调发展为基本出发点与归宿点，社会保障立法实质上就是社会成员生存权利保护法和国民安全法，同时也是社会调节法和社会稳定法。因此，在立法中一般应遵循下列基本原则。

1. 生存权保障原则

中国于 2004 年修改宪法，首次将"国家尊重和保障人权"写入宪法，而人权的基础就是生存权。生存权包括健康权、物质享受权和生命权等，这些权利是每个公民在社会中享受文化、政治、经济和健康的基本保证。德国《魏玛宪法》第一次通过立法明确规定生存权，具体规定是经济生活秩序能够体现社会正义原则，旨在维护社会稳定和维持人类生存。其中，社会正义现指指让社会成员过上有尊严的生活，在生活中能够体现出人的价值。《魏玛宪法》是第一个在现代意义层面上提出生存权的法律文件，明确了生存权的具体内容，生存权除了能够保证人类生活外，还要保证人类有尊严地生活，在生活中能够体现出人的价值。在现实生活中，有的人出于某些原因无法正常生活下去，社会保障立法的目的就是当社会成员遇到生活危机时，国家或者社会有义务伸出援手，提供基础的物质保障。所以，社会保障立法的最基本原则就是生存保障权。

2.普遍性与区别性相结合原则

普遍性原则指社会全体成员是社会保障立法的实施范围，社会成员都享有社会保障的共同权利；区别性原则指社会成员除了存在个体差异外，还存在阶级差异，不同的人群对社会保障的要求不同，要根据不同人群的不同要求开展社会保障工作。贝弗里奇是英国的社会保障专家，他在著名的《社会保险及相关服务》报告中首次阐述在社会保障立法中要兼顾普遍性与区别性，很多国家将这一论断作为本国立法的依据。

3.保障水平与社会经济发展相适应的原则

社会经济发展水平的高低决定了社会保障水平的高低，社会保障的基础是社会经济发展创造的可进行再分配的财富，如果社会缺乏这部分财富，社会保障就无法提供相应的物质援助。而且，社会成员的生活质量也受社会经济发展的制约，社会成员的生活水平还要有与之相适应的社会保障进行匹配。因此，在社会保障立法过程中，不仅要全面考虑社会经济发展对社会保障的具体要求，还要分析当前的社会经济的承受能力。

4.权利与义务相结合的原则

在社会保障立法过程中，权利和义务相伴而生，二者是社会保障立法的基本范畴，马克思说过，没有无权利的义务，也没有无义务的权利。因此，要将权利与义务相结合，比如，劳动者要承担缴费义务，被救济的社会成员要无条件地配合救济机构的调查等。但是权利与义务相结合不同于权利与义务对等。

5.公平优先原则

社会保障立法的目的之一是通过法律的方式将国民收入进行分配和再次分配，通过强制性的手段实现国民收入从高收入者向低收入者的转移，实现国民收入从健康者向病残患者的转移，实现国民收入从家庭负担轻者向家庭负担重者的转移，这样有利于保证社会的公平。社会保障制度促进社会的公平有利于社会的长治久安。

（二）社会保障法的形式

社会保障法的形式，又称社会保障法的渊源，是指社会保障法律规范的具体表现形式，它表明社会保障法律规范以何种形式存在于法律体系中，告诉人们从何处找到社会保障法律规范。在成文法国家，社会保障法的形式限于各种成文法；在承认不成文法的国家或地区，社会保障法除了以成文法为渊源，还以判例法和习惯法为渊源。我国社会保障法的渊源具体包括以下方面。

1.宪法中关于社会保障的规定

现行《中华人民共和国宪法》在"公民的基本权利和义务"一章具体规定了发展社会保障事业的内容。第四十四条规定：国家依照法律规定实行企业事业组织的职工和国家机关工作人员的退休制度。退休人员的生活受到国家和社会的保障。第四十五条规定：中华人民共和国公民在年老、疾病或者丧失劳动能力的情况下，有从国家和社会获得物质帮助的权利。国家发展为公民享受这些权利所需要的社会保险、社会救济和医疗卫生事业。国家和社会保障残疾军人的生活，抚恤烈士家属，优待军人家属。国家和社会帮助安排盲、聋、哑和其他有残疾的公民的劳动、生活和教育。2004年《宪法修正案》

首次明确把"国家建立健全同经济发展水平相适应的社会保障制度"写入《中华人民共和国宪法》总纲之中。这些规定既是我国社会保障法的重要表现形式，也是我国推进社会保障立法的最根本依据。

2. 全国人大及其常委会制定的有关社会保障的法律

有关社会保障的法律包括专门的社会保障法律和其他法律中包含的有关社会保障的法律规范，其效力仅次于宪法。全国人民代表大会常务委员会通过的《中华人民共和国社会保险法》和《中华人民共和国军人保险法》是我国社会保障领域中两部重要的基本法。此外，在《中华人民共和国劳动法》中专门有"社会保险和福利"一章，在《中华人民共和国老年人权益保障法》中专门有"社会保障"一章。在《中华人民共和国残疾人权益保障法》《中华人民共和国劳动合同法》等法律中也包含有社会保障的法律规范，这些同样属于社会保障法的渊源。

3. 国务院制定的社会保障行政法规

行政法规是指由国家最高行政机关即国务院制定的有关社会保障的规范性文件。如《城市居民最低生活保障条例》《社会保险费征缴暂行条例》《工伤保险条例》《失业保险条例》《军人抚恤条例》《法律援助条例》等。此外，还有一些由国务院发布的"决定""命令""通知"等文件也带有较强的政策性。如国务院于1998年发布的《关于建立城镇职工基本医疗保险制度的决定》等。

4. 地方性社会保障法规、自治条例和单行条例

地方性法规是由省、自治区、直辖市地方立法机关（地方人大及其常委会）制定的地方性社会保障法规。"地方性法规"在立法实践中一般称为"条例""规定""办法""实施细则"等，如《广东省工伤保险条例》。根据宪法

规定，民族自治地方的人民代表大会及其常委会有权依照当地民族的政治、经济、文化的特点，制定自治条例和单行条例，如西藏自治区在1998年1月颁布的《西藏自治区实施〈中华人民共和国残疾人保障法〉办法》。

5. 社会保障行政规章和地方规章

行政规章是指由国务院有关部委和具有行政管理职能的直属机构制定的关于社会保障的规范性文件，如人力资源和社会保障部发布的《工伤认定办法》《部分行业企业工伤保险费缴纳办法》《非法用工单位伤亡人员一次性赔偿办法》，建设部、发改委、民政部等9部门联合发布的《廉租住房保障办法》，财政部发布的《廉租住房保障资金管理办法》，住房与城乡建设部发布的《公共租赁住房管理办法》等。地方规章是指由省、自治区、直辖市政府，省、自治区政府所在地的市和国务院批准的较大的市及经济特区市的政府制定规章，如《广东省企业退休人员最低养老金办法》《山东省失业保险规定》等。

6. 我国批准生效的国际劳工公约

目前，我国已批准承认20多个国际劳工公约，如《最低工资办法公约》《职业安全和卫生及工作环境公约》《（残疾人）职业康复和就业公约》等。

7. 法律解释及规范性文件或准规范性文件

作为社会保障法律渊之一的法律解释，一般指国家机关所做的规范性解释，这种规范性解释包括国家立法机关（全国人大及其常委会）的解释、国家司法机关（最高人民法院、最高人民检察院）的解释、中央国家行政机关（国务院）的解释、地方国家权力机关和行政机关的解释。其中，最高人民法院的司法解释占有特殊地位，如《最高人民法院关于实行社会保险的企业破产后各种社会保险统筹费用应缴纳至何时的批复》。此外,《最高人民法院关于对经济确有困难的当事人提供司法救助的规定》等也是社会保障法律渊源之一。

(三)社会保障法的调整对象

社会保障法有广义与狭义之分。广义上的社会保障法,是指调整社会保障关系以及与社会保障关系有密切联系的其他社会关系的法律规范的总称,不仅包括社会保险法等法律,而且包括劳动合同法、工伤保险条例、自然灾害救助条例等法律法规;狭义上的社会保障法,一般是指国家最高立法机构制定颁布的全国性、冠以社会保障相关内容名称的法律,如《中华人民共和国社会保险法》等。这里所说的社会保障法,通常是指广义上的社会保障法。社会保障法的调整对象即社会保障法所调整的社会关系,总而言之,可以称为社会保障关系,理解社会保障关系是把握社会保障法内涵的关键。

1. 社会保障关系的主体

社会保障关系的主体是指在社会保障活动中,依法享受权利与承担义务的当事人。主体资格既是由法律规定的,也是社会保障运行过程中客观存在的。从社会保障的运行过程来看,其主体包括以下方面:

(1)国家或政府。我国进入社会主义市场经济的时代后,市场不具备实现公共消费和推进公共利益的功能,政府必须建立社会保障制度来实现这一目的。每个国家的政府都会参与社会保障制度的实施。近年来,很多西方国家改革社会保险制度,主张减轻政府的负担,分散政府的责任,发挥市场的积极作用,调动个人机制的作用。原因在于高福利的社会保障制度使政府财政陷入危机，经济效率也随之下降，从市场自身角度出发，市场无法避免失灵的情况出现，因此社会保障关系的主体还是政府。这里讲的政府是一个泛泛的概念，政府职能部门和社会保障实施机构确定社会保障项目，管理和运作社会保障项目，进行监督、解决争议等。因此，社会保障职能机构在实施社会保障相关制度时代表的对象是国家。同时，在市场经济中，启动社会保障是政府的基本职责，因此，社会保障关系的一方必须是国家或者政府，包括政府实施机构和国家的职能机构。

（2）企业、社会团体、社区及部分社会服务机构。它们不仅承担着向社会保障机构提供资金的责任，还直接承担着提供职业福利或社区福利的责任，从而对社会保障有着直接的义务与权益。

（3）公民个人及其家庭。西方发达国家社会保障的实践表明，政府通过经济政策手段干预调节经济运行过程的作用是有限的，不可能完全担负起社会保障的责任，必须分散到个人及其家庭，构筑起一个多层次的社会保障体系。所以，个人及其家庭是社会保障制度的重要主体。个人及其家庭在社会保障制度中的主体身份是双重的，它不仅是社会保障被给付主体，在许多项目上（如社会保险的一些项目）还是资金来源主体（从该意义上讲也是给付主体）。

2. 社会保障关系的客体

社会保障关系的客体是与关系主体的义务和权利相对应的目标。从社会保障制度的实践层面分析，客体是社会保障中的项目和规定内容的各种物质利益关系的自然人。第一，社会保障的对象是自然人的身体和生命与现实存在的物质财产，例如，保障自然人的身体和生活，发生自然灾害时，保障灾民的物质财产。第二，为社会成员提供基本的生活保障是社会保障的主要目的，社会保障通过直接提供帮助或提供货币来保障国民的权益。因此，在社会保障关系中人是核心客体，物质财产等是某些情况下的特殊客体。

3. 社会保障关系的属性

社会保障关系将财产关系和人身关系联系在一起。社会保障的内容是社会福利、社会保险、优抚安置和社会救助等。社会福利的对象是全体社会成员，而社会保险、社会安置和社会救助的对象是特定的群体，社会成员只有符合上述社会保障项目的要求时才能享受保障。社会保障的主要手段是给付，通过给付的方式向保障对象提供基础的生活物品和一定数额的金钱，因此，社会保障关系是典型的财产关系。

社会保障关系不是国家权力赋予的管理和服从的关系，也不是完全平等的主体和客体之间的关系。传统公法和私法的二元划分表示，公法主要针对政治国家的关系进行调整，也就是说，国家权力运作过程中产生的关系；私法主要针对人民社会的关系进行调整，也就是社会成员的个人权力。我国公法和私法相互渗透，形成公法私法化和私法公法化的局面，有的研究学者提出了社会法新概念。社会法的本体是社会利益，主张社会公平和公正，社会保障法就是典型的社会法。因此，社会保障法中除了公民享有国家赋予的权利关系外，还有国家权利的干预关系。国家、社会组织和个人被社会保障权利和义务串联在一起，具有连带责任。

社会保障中权利和义务的关系不完全对等，具体指享受某些权利时无须履行义务，在履行某些义务后却不享受任何权利。前者主要涉及社会福利、社会优抚和社会救济等关系，社会成员不用履行缴纳义务就可以享受社会保障的权利，只要社会成员的条件符合法律的相关规定，就可以享受社会保障权利。以社会救济为例，社会成员的生活条件在最低生活标准或贫困线以下，就能够得到社会救济。除此之外，劳动者对医疗、失业和养老保险要履行缴纳的义务，权利和义务对等的原则可以通过医疗保险和养老保险体现出来，但是失业险比较特殊，劳动者按照法律规定缴纳失业保险，但不是所有的缴纳者都能享受到失业保险待遇。

4.社会保障关系的分类

根据不同的标准和角度可以将社会保障关系分为不同的类别。根据社会保障的体制可将社会保障分为社会保障资金筹集关系、社会保障资金运营关系、社会保障给付关系、社会保障监督关系和社会保障管理关系等；根据内容不同可将社会保障分为社会福利关系、社会救助关系、优抚安置关系和社会保险关系。总的来说，社会保障关系是社会成员、社会组织、用人单位和国家之间在社会保障实施过程中产生的各种关系的总和，具体如下：

（1）政府与社会保障实施机构之间的关系。包括监督、管理和委托的关系，政府委托社会保障机构帮助和给付符合条件的社会成员，同时还要监督和管理社会保障机构。

（2）国家与社会成员之间的关系。主要包括给付关系，指明国家的义务与职责和符合条件的社会成员能够享受的社会保障权利。

（3）社会保障管理机构之间的关系。因为社会保障职能机构具有不同的职责，在社会保障工作中需要相互协作，这就形成了合作的关系。主要包括社会保障资金筹集机构、发放机构、运营机构和管理机构，每个机构都有自己的职责，它们相互协作构成了一个整体，使社会保障有序进行。

（4）国家与雇佣单位之间的关系。社会保障费用的征收和缴纳，使国家与用人单位之间产生了关系。这种关系比较复杂，不是单独存在的；当社会保障出现争议时，就会产生仲裁或者诉讼的关系，社会保障诉讼一般会采取行政诉讼的方式。

（四）社会保障法律体系

社会保障法律体系指社会保障法律制度中的每个组成部分。社会保障法律体系包括很多子系统，每个子系统都是针对相应的社会问题而设置的，每个子系统之间相互协作对社会成员、工厂或者企业、政府或者国家在社会保障实践活动中产生的关系进行调整，这样就成立了一个法律部门。而且，因为社会保障法律体系的子系统比较多，规模宏大，内容纷繁复杂，无法用一部法律来规范和指导社会保障的相关事务，所有国家在制定社会保障有关法律的过程中根据的原则都是总括和分工。因此，社会保障法律体系是一个多层次的系统，包括相关的法律法规、条例与命令，并不是一部法律或者一个层次的法律系统就能解决社会保障相关问题。

世界各国社会保障内容的不同，彼此之间社会保障法律体系也互有差异。英国社会保障网络实际上是以贝弗里奇的"社会保险方案""国民健康服务方案"以及"国民救济方案"为基础构建的。1945 年以后，英国相继颁布了《家庭补助法》《国民保险法》《工业伤害保险法》《国民医疗保健法》《国民救济法》五大立法，构建了英国的社会保障法律体系。德国传统的社会保障法律体系实质上是以社会保险法为主建立起来的。德国增加了对非劳动者的保障，引入了社会补偿概念，对退役的士兵、因公伤亡者、受难者均提供社会补偿。此外，还增加了社会津贴，包括家庭津贴、老人津贴、助学津贴、房屋津贴等，这些社会救助方案也成为其社会保障法律体系的重要内容。美国《社会保障法》规定社会保障体系包括社会保险、公共补助、儿童保健和福利服务四大类。其后，美国又提出了许多关于社会保障的立法创议，相继建立了医疗保健、教育、住宅等方面的社会保障立法体系。综上可见，社会保险、社会救济、社会福利是社会保障立法体系的基本组成部分。

国际劳工局社会保障司综合世界主要国家社会保障立法内容，认为："构成社会保障的各种要素或组成部分包括社会保险、社会援助、由国家财政收入资助的补助金、家属补助金，以及储蓄基金，还有对雇主规定的补充条款和环绕社会保障而发展的各种补充方案。"这是一个比较全面和权威的结论。

中国官方划定的社会保障范围更为宽泛，并且其内容也经历了调整和变化。1985年，中共中央在《关于制定国民经济和社会发展第七个五年计划的建议》中提出了一个以"社会保险、社会救济、社会福利"为主体的"小体系"；1993年，中共中央在《关于建立社会主义市场经济体制若干问题的决定》中确定了一个包括"社会保险、社会救济、社会福利、优抚安置和社会互助、个人储蓄积累保障"，并以"商业性保险"为补充的"大体系"；此后又开始逐步"瘦身"，2004年，中共中央在《关于加强执政党能力建设的决定》中要求"健全社会保险、社会救助、社会福利和慈善事业相衔接的社会保障体系"；2006 年，中共中央在《关于构建社会主义和谐社会的决定》中要求逐步建立"社会保险、社会救助、社会福利、慈善事业相衔接的覆盖城乡居民的社会保障体系"，"优抚安置、社会互助、个人储蓄积累保障"等内容不再纳入社会保障体系；2007 年，在党的十七大报告中明确要求"以社会保险、社会救助、社会福利为基础，以基本养老、基本医疗、最低生活保障制度为重点，以慈善事业、商业保险为补充，加快完善社会保障体系"，厘清了社会保障体系的基本内涵，为进一步健全我国社会保障法律制度提供了政策依据。而后在党的十九大报告中又再次指出，要加强社会保障体系建设。全面建成覆盖全民、城乡统筹、权责清晰、保障适度、可持续的多层次社会保障体系。

第二节　高校劳动教育的实施体系

劳动教育是中国特色社会主义教育制度的重要内容，是落实"立德树人"根本任务的题中之意，是高校课程体系中不可或缺的部分。在高校，提高劳动教育的水平，首先要遵循高等教育的发展规律，其次要找准劳动教育的核心，最后要深入细化。在实施过程中，要全局规划、调配资源、精准高效、稳步推进。在具体教育过程中，要做到集中与分散结合、课内与课外结合，原因有二：一是高校教育中的课堂教学是主战场，劳动教育和其他专业课的重要性一致，需要设置专门的课程集中时间讲授，这是搭建大学生劳动教育知识体系的主要手段；二是劳动教育具有特殊性，课堂教学天然存在的一些短板，分散的课外实践活动恰好可以补齐。在日常教育教学中应做到，始终将劳动教育与思想教育、文化教育相结合，从思想上重视劳动教育；将劳动知识的学习与劳动实践、实训结合，达到劳动实践与理论的融会贯通；做好劳动教育与社会发展的衔接，多利用志愿服务机会、创新创业平台、职业规划教育等，让已经拥有扎实理论功底的大学生在劳动实践中游刃有余。

一、高校劳动教育与实习实训相结合体系

实习实训是高等教育实践教学环节中的重要组成部分，包括专业实验、专业实训、专业实习等内容，是高校依托不同的教学环境，有计划、系统地组织学生结合所学专业开展多元化的实操性、实践性活动，通过在做中学、在做中思、在做中行，增进学生对课堂讲授的专业知识的认识，激发其主动思考，提高其探索创新的意识，锻炼其运用专业知识和技能解决实际问题的能力，提升其综合素质与就业竞争力。实习实训本身是一种劳动活动，是开展高校劳动教育的主阵地，是发挥"以劳树德、以劳益智、以劳健体、以劳育美"协同育人功能，培养德智体美劳全面发展的社会主义建设者与接班人的主渠道。

（一）劳动教育与实习实训相结合的意义

2018 年教育部发布《普通高等学校本科专业类教学质量国家标准》（以下简称《国家标准》），制定了 92 个本科专业类，包括 587 个本科专业，涉及全国高校 56000 多个专业点的教学质量国家标准。其中，在经济学类教学质量国家标准中对实验、实训、实习给出了明确解释。专业实验是指专业课程教学过程中，需借助实验手段完成的部分教学环节。专业实训是指依托实务部门开展的实践教学活动，是校内实验课程教学的延伸。专业实习是指学

生在与所学专业相关的实务部门从事的短期或长期工作，以增进对课堂讲授的专业知识的认识。可见，实验、实训、实习三者是实践教学逐级深化的培养体系。专业实验是为完成某一项具体的专业教学目标，在高校内部学习环境下进行的一种专业知识技能操练；专业实训，是依托实务部门或在校内模拟实务场景下进行的一种综合运用多种专业技能解决某一类较为复杂的实务问题的实践训练；专业实习则是深入实务部门中进行的一段较长时间的实际工作体验，其目的在于让学生全面了解真实的职场生活，更好地适应职场生活，综合运用所学专业知识技能和人际沟通能力解决各类职场实际问题。三者相辅相成、层层推进，对大学生劳动能力训练的要求越来越高，越来越接近真实的职场生活。

在国家标准中，其他本科专业类也结合专业自身特点和社会用人需求，对实习实训（含实验）做出了具体的解释。这些解释与经济学类教学质量国家标准规定的有所不同，但总体上表现出三个共同的特征：与专业相结合，实习实训（含实验）要注重专业化和专门化的学习；与社会相结合，实习实训（含实验）要围绕企业、行业用人需求开展；与实践相结合，实习实训（含实验）要强调"劳动"的教学方式，即运用所学专业技能，参与到实验、实训、实习中，通过实操和实践劳动完成教学任务，解决实际问题，培养专业能力和综合素质。为此，实习实训（含实验）中融入劳动教育，是加强劳动教育，实现劳动教育内化于心、外化于行的必然选择。

1. 实习实训是学习劳动知识技能的方式

实现人民对美好生活的向往要靠党和国家创造更好的教育、更稳定的工作、更满意的收入、更可靠的社会保障、更高水平的医疗卫生服务、更舒适的居住条件、更优美的环境；更要靠人民自身的努力，人民首先要学会生存，掌握自食其力的劳动技能，用自己的劳动获得生活的基本需求；要奋斗，精进劳动专业技能，改善生活条件，提升生活满意度。随着现代经济的不断发展和行业的不断更新，我国产业结构发生了深刻的变革，对人才的需求也随之发生了改变。社会对专业化人才需求的增加、人民对自身发展意愿的提升，这对高校人才培养提出了更高的要求。实习实训（含实验）作为专业课堂教学的延伸，是将理论专业知识和专业技能从"知道"转化为"运用"的过程，是培养大学生专业能力与就业竞争力的主要教学环节，因此，加强实习实训中的劳动知识技能教育是促进学校教育与社会需求"无缝衔接"的有效手段，是必要且重要的。

2. 实习实训是培养劳动价值观的阵地

人对劳动的认识决定了进行劳动的态度，而这种态度又直接影响着劳动者的劳动效率，因此，加强劳动教育、培养劳动价值观便成为各类各级教育的一项重要任务。大学生作为社会劳动力的生力军，每年有数百万大学生走向劳动岗位，他们的劳动价值观是否正确不仅影响着大学生个体的成长、成才，同时也影响着整个社会的生产力发展与生产效率的提升，因此在大学阶段将劳动教育融入教育教学的各个环节中、抓好大学生劳动价值观确立和稳定的关键期显得尤为重要。大学教育中的实习实训（含实验）作为大学生直接参与劳动的主要过程，势必要发挥其劳动价值观培养的重要作用。在实习实训中，学生能够通过劳动实践更为深刻地认识劳动的价值与意义，能够通过与同学、校内专职指导教师、校外兼职指导教师、企事业单位与行业部门专家等不同主体的合作与交流，了解他人对劳动的认识和态度，感受他人辛勤劳动的行为，在他人的示范下，潜移默化地引导学生形成崇尚劳动、尊重劳动、热爱劳动的劳动价值观。

3. 实习实训是培养劳动品质的基地

劳动品质反映的是一种劳动品德，即辛勤劳动、诚实劳动、创造性劳动的品质，具体表现为在学习和工作中，要勇于担当责任，能够兢兢业业地完成学习工作任务；在挫折和困难面前，显示出坚毅的品质，能够想方设法战胜困难，最终取得胜利。目前，大部分学生能正确认识劳动、热爱劳动，具有正确的劳动态度和劳动价值观。但是学生参与劳动实践的积极性不高，当个人愿望未能满足或遇到挫折、失败时，容易产生消极、否定情绪，这反映出学生的劳动品质还需要培养。劳动品质的形成要落实到劳动实践中，实习实训正是提供了到实践中锻炼的练兵场。实习实训是以问题为导向，围绕某个或几个具体的问题，让学生自主思考、独立操作，在不断探索尝试中体会劳动的意义，了解自身的劳动价值，在劳动中享受成功的喜悦、认识自身的价值，进而激励学生练就精业和敬业、自信和执着的劳动品质。

（二）劳动教育与实习实训相结合的实施路径

《中国教育现代化 2035》指出，"弘扬劳动精神，教育引导学生崇尚劳动、尊重劳动、树立依靠辛勤劳动创造美好未来的观念。强化实践动手能力、合作能力、创新能力的培养"。实习实训（含实验）强调的正是实践动手与团队协作，为此，抓好实习实训中的劳动教育，是贯彻劳动教育的重要途径。其根本任务是开展专业劳动知识技能教育，并融入劳动价值观、劳动态度的教育，以润物细无声之势，让劳动品质根植于心，让劳动成为习惯。

1. 优化实习实训教学体系，加强劳动教育融合

劳动教育是学生良好学习习惯养成和创造力培养的沃土。要进一步挖掘劳动教育的潜力，就需要结合劳动实训教育，在明确教育目标、教学任务的基础上构建劳动教学体系，具体要做到：

一，建立健全劳动实习（实训）课程体系。根据国家规定的劳动教育专业教学质量的标准和要求，再结合和劳动教育毕业生直接对接行业或企业需求，开设科学、完整、特色的劳动教育课程，通过系统完备的课程教育提高学生的专业知识储备、社会实践能力和创业创新意识。

二，为劳动教育提供坚实的物质保障。劳动实习（实训）课程的实施离不开来自学校内外的物质支持，在高校内部，实验教学的硬软件设备必须配置齐全，并及时引进智能化的实验设备，为劳动教育教学的开展提供高效现代、集约充分的实验（实训）平台；劳动教育所需实践平台，可以通过整合高校之外的资源实现，如与相关行业、企业、研究中心合作，给准毕业生提供真实的应用场所，让他们在分析、解决实际问题的过程中深化对课堂理论知识的理解，从而培养大学生的社会实践能力、创新精神。

例如，美国麻省理工学院提出"Mind, Hand"，即动脑、动手的教学理念，意在营造边学边做的文化氛围，鼓励学生将严谨的学术研究与丰富的想象力相结合，在实践劳作中解决社会难题。以麻省理工学院工程系为例，在课程体系设置中，学院开设能源、创业、环境、生命科学、运输五类跨学科课程，同时开设工程伦理、人文社科课程，使学生能够从价值、伦理、生态、人文

的角度来思考工程中的专业问题，进而对社会中与工程相关的各个方面有更加深刻的理解，培养学生的工程综合素养，能够服务于社会；在实验室建设方面，已建立 58 个跨学科研究中心、实验室和项目计划，作为课堂教学的延伸，为课程建设及发展搭建重要的平台，让学生深入参与实践，打破不同领域间的专业壁垒，为解决社会问题提出更深层次的理解和新思路。

2. 加强实习实训过程管理，确保劳动教育落实

实行科学管理，完善各项规章制度，建立一整套严格的科学管理体系，是达成劳动教育成效的重要保障。

（1）建立实习实训标准，强调学生创新精神、创业意识和创新创业能力的培养；健全实习实训管理制度，包括校企合作教学实习基地管理制度、校企合作教学实习基地工作指南、校企合作教学实习基地考勤制度、校企合作教学实习基地教学质量和效果评价、工作日志制度、基地兼职导师管理等。

（2）强调教师的指导作用，实习实训主要是在教师的指导下进行的，教师的指导和传授，可以使学生的学习避免反复探索的曲折道路，能够在较短的时间内取得更有效的学习效果。

（3）规范学生实习实训的目标与任务，让学生能够有目的地学，能够在学习过程中发现问题、思考问题、解决问题。以中国劳动关系学院工会学院社会工作专业集中实习为例，该专业在大三下学期组织学生利用每周三天的时间开展并行实习。为保证实习效果，学校制定专业实习的教学大纲，明确实习的目标、任务及要求，指导实习各环节工作的开展。在实习前，落实实习指导教师，并组织学生开展实习动员，让学生认识到实习的重要性，明确

实习期间的工作任务和考核方式，同时联系实习单位，落实实习相关事宜。在实习期间，学生每周都需要撰写实习日志，记录每周三天的工作内容、进展及完成情况和下周工作安排，校内指导教师会不定期与学生进行交流，掌握学生实习状况，指导学生解决实习中遇到的各类问题，同时企业的实践导师也会给予悉心的指导。在实习结束后，学生提交实习报告及实习单位评定意见，对学生实习情况进行综合评价。通过这种专业对口性强、目标明确的实习，学生能够更多地运用所学的劳动知识技能处理实际问题，提高劳动能力，更好地适应未来职场需要。

3.完善实习实训考评体系，强化劳动教育地位

教师和学生是高等教育中"教"与"学"的主体，要想做好劳动教育，发挥劳动教育育人功能，关键是调动教师与学生的主动性、积极性，这就需要有一套具有激励效应的考评体系。

对于教师，学校应将劳动教育的实施情况和效果纳入教师的考评中，要求教师结合学生的心理发展特征和学习特点，深入研究专业知识技能教学中的劳动教育内涵，并将这种内涵以学生喜闻乐见的方式有目的、有计划地融入实习实训专业教学中，让学生更乐于接受，引发学生更深入地思考，使其能够更准确地认识劳动的本质与价值，能够尊重劳动、热爱劳动，自觉自愿地参与到劳动中，在劳动实践中实现个人的发展；同时强调教师在劳动教育中"言传身教"的作用，在教学以及师生日常接触中，始终表现出对劳动的尊重与热爱，表现出不畏艰辛、辛勤劳动、诚实劳动、创造性劳动的品质，以良好的形象做出表率，感染学生，引导学生做一名尊敬劳动、热爱劳动的

好学生。

对于学生，学校应将参与劳动纳入学分管理，将劳动态度、劳动行为纳入学生实践教学课程考核、综合素质考评等评价中，激励学生更重视劳动、更积极地参与劳动、更认真地从事劳动，让学生在被动的参与中感悟劳动的快乐与意义，进而形成主动参与劳动的意识。例如在加强大学生创新创业教育方面，中国人民大学将创新创业项目纳入学分管理、考研加分项，直接与考研保送资格审核挂钩，在很大程度上激励学生积极参与创新创业项目，同样也能激励学生重视劳动教育、参与劳动教育。

4. 发挥校企合作协同育人，巩固劳动教育效果

校企合作是适应社会用人需求、培养应用型人才的有效路径。学生到企业或行业部门实习是校企合作的主要方式之一。由于大学生尚处于价值观、人生观形成的关键时期，易受环境影响，在实习期间加强企业或行业部门的劳动教育，也同样具有重要的意义。

（1）运用企业文化育人，选择文化底蕴丰厚且拥有正确的价值观、劳动观念和劳动态度的企业或行业部门开展实习合作，杜绝与不尊重劳动过程、片面追求劳动效益的企业开展合作办学，杜绝与存在产品质量、劳动纠纷、信用缺失等劳动价值观缺位的企业开展合作办学，实现用文化熏陶人、用文化感染人，让学生在真正步入社会前，形成正确的企业劳动意识，拥有坚定的自信，免受不良社会风气的影响。

（2）发挥企业人育人作用，加强兼职实践导师队伍建设，聘请专业技术精通、指导经验丰富、责任感强的企业或行业部门技术人员或专家担任实践指导教师，采取"一对一"指导、能力培训等措施，如中国劳动关系学院法学专业每学期均会邀请相关实践部门专家 4~5 人次深入课堂参与实习实训教学，将课堂延伸到社会实际中，搭建理论知识与实践运用的桥梁，同时从实务部门聘请高水平的实务专家担任兼职实践导师，对学生专业知识技能进行直接指导，同时以导师的人格魅力影响学生，在导师的言传身教中弘扬劳模精神、劳动精神、工匠精神，让学生不仅学习到专业的劳动知识技能，更能够在潜移默化的影响下，形成正确的劳动价值观，养成良好的劳动习惯，做到辛勤劳动、诚实劳动、创造性劳动。

二、高校劳动教育与社会实践和志愿服务相结合体系

党的教育方针政策一贯坚持劳动教育的理念要与实践相结合。当前，在实践中还存在劳动教育理念与实践相脱离的问题，因此，必须不断探索和拓宽高校劳动教育与社会实践和志愿服务相结合的路径。

（一）劳动教育与社会实践和志愿服务相结合的意义

1. 劳动教育与社会实践和志愿服务相结合是认知世界的方式

马克思主义强调劳动价值和劳动教育，这是马克思主义唯物史观的核心内容和本质规定。马克思主义劳动观始终强调，劳动创造世界、劳动创造历史、劳动创造了人本身，劳动是人类的本质特征和存在方式，是实现人的发展的重要途径，教育与生产劳动相结合是社会主义教育的根本原则。

坚持教育与生产实践相结合是我国一以贯之的教育方针，中国传统教育很早就体现出这个特点。"格物致知"源于《礼记·大学》，意思是"推究事

物的原理法则而总结为理性知识"，这个推究和总结的过程就体现了深刻的实践观念。"学而时习之"是孔子的重要学术思想，意思是学过的内容要实践，现代教育也坚持将生产劳动和社会实践与教育相结合，这是党一贯秉承的教育方针。"实践出真知""实践是检验真理的唯一标准"都强调了实践的重要性。国务院 2001 年发布的《关于基础教育改革与发展的决定》指出，"坚持教育必须为社会主义现代化建设服务，为人民服务，必须与生产劳动和社会实践相结合，培养德智体美等全面发展的社会主义事业建设者和接班人"。"教育与生产劳动和社会实践相结合"是马克思主义劳动观的进一步丰富与拓展，社会实践更注重对知识的应用和发展。实践过程就是对思想内容和理论知识的验证、运用和发展。所以，其更具有时代性和现实性。在"互联网+"时代，它不仅包括生产劳动、社区服务，同时还包括信息技术活动。而志愿服务也是一种实践活动，它与社会实践、劳动教育的精神实质是一致的，都是帮助高校学生在实践活动中接受锻炼、增长才干，所以，它更能体现新时期劳动教育活动的丰富性和创造性。

2. 劳动教育与社会实践和志愿服务相结合是思政引领路径

劳动教育与社会实践和志愿服务相结合，准确把握劳动教育的科学内涵和精神实质，是思想政治教育的路径。同时，劳动教育开启高校学生理论与实践的行动自觉，将劳动教育转化为自身的行为习惯和社会参与能力。劳动教育与社会实践和志愿服务相结合作为大学生思想政治教育和社会服务职能的载体与结合点，不断激发青年学生奋斗实践，传播为中国梦矢志奋斗的正能量，最终推动青年学生在接力奋斗中实现伟大复兴中国梦。

3. 高校劳动教育与社会实践和志愿服务相结合是践行习近平总书记"实干兴邦"劳动实践观的生动体现

新时代高校的劳动教育不应停留在简单的体力劳动上，而是要培养能够应对重大挑战、善于创新创造、勤于实践、乐于奉献的高素质劳动者。教育是经验的不断累积过程，而经验与实践又是密不可分的。要充分给予学生机会，提倡"教育即生活""学校即社会""做中学"理念，高校学生要在社会实践中勇于创新，在志愿服务中践行奉献，从而深化对劳动创造人、劳动创造世界的认识。在他们进入社会、步入就业岗位后，无论从事什么行业，身处什么岗位，都能将认真学习、勤于实践、极致专注、真抓实干的精神转化为辛勤劳动、诚实劳动、创造性劳动的优良品质，确立奋发图强的幸福标准，永葆积极进取的奋斗精神，脚踏实地的奋斗实践。

（二）劳动教育与社会实践和志愿服务相结合的实施路径

1. 健全劳动实践组织

针对劳动教育边缘化的问题，高校要举全校之力，齐心协力共同解决，具体从高校之内和高校之外两个维度去着力。第一，在高校内部，从教师队伍建设、班级活动、学校日常管理、延伸劳动教育方式等入手。在劳动教育教师队伍建设方面要开阔视野，在稳定专职教师的同时，大量聘请兼职优秀教师，将劳动模范、技术先进、优秀个人等纳入兼职教师的队伍中，完善考评制度，以保证整个教师队伍的稳定性。在班级生活中，要强化劳动意识，以有形、无形的形式向大学生灌输热爱劳动、参与劳动的观念。如在劳动委员会的带领下，开展形式多样的劳动主题的班会、报告会、演讲比赛等。在学校日常管理中，高校要支持和鼓励学生组建劳动社团、积极构建各种劳动场景、加入真实的劳动等，将学习的知识付诸实践。延伸劳动教育的设备也是一个重要方面，要利用劳技室、手工室和智能实验室等积极开展各类实践活动。第二，要积极与校外的企事业单位、工厂等达成合作，高效利用生产场所，为学生提供全面、丰富的实践（实训）基地。要带领大学生深入社会，利用社会公共服务资源，如社区、街道、养老院、社会福利机构等，通过组织体系的保障有效开展劳动教育实践和志愿者活动。

2.改革劳动实践模式

针对劳动教育弱化的问题，推行第二课堂成绩单，将劳动教育实践（第二课堂）中学生的表现以成绩单形式呈现出来，促进第二课堂和第一课堂的融合发展，最大限度发挥第二课堂的优势。第二课堂从不同的维度真实记录大学生劳动教育的经历、综合表现等，对青年大学生的健康成长大有裨益，提升综合实力，为高校培养劳动精神面貌好、劳动价值取向佳和劳动技能水平高的社会主义建设者和接班人提供了丰富、多元的途径和平台。

紧扣核心，丰富课程设置。第二课堂应该以提高学生综合能力为核心，在课程设置上做到科学、全面，将劳动知识、劳动理念、劳动技能、劳动科技、劳动实践、劳动价值等纳入课程体系中，让第二课堂与劳动教育有效、充分地融合。

多维评价，创新学分机制。劳动实践教育的形式要多样化，相应的评价机制也要有创新性，要灵活选修学分的计量形式，如按时计分和按次计分相结合；鼓励多种形式的实践活动，如自主申报家庭实践和社会实践的学分等；推广学时折算学分的制度，将学生参加志愿服务的时间折算计入学分等。

结果量化，对接现代科技。合理运用现代化科技，量化评价大学生的劳动实践教育；形成课程设置、开课选课、学生出勤、学生成绩、学分积累等闭环，打通社会、学校、家庭、学生对劳动实践成果的了解渠道；运用大数据分析，驱动劳动实践教育不断完善。

3. 编写社会实践与志愿服务指导手册

针对劳动教育狭隘化的问题，学校可以将劳动实践教育与社会发展紧密联系，据此编写劳动实践教育的指导手册。劳动实践教育教材可以鼓励学生多参与社会实践活动、志愿者服务等，以社会调查、服务社会等形式，有目标、有计划地在实践活动中贯穿劳动技能知识和劳动教育教法等；高校要大力支持大学生的社会公益活动、志愿者服务等课题研究，从政策指导、资金支持和成果转化等多方面为劳动实践教育注入新的生命力，寻找劳动教育与社会服务、社会发展的结合点，打造长期有效的合作意向和计划，为学生铺设走向社会、早日融入社会的跑道。

4. 开设社会实践与劳动教育课程

针对劳动教育异化的问题，依托全国或省市劳动模范的资源，创新联动劳动模范及在校大学生两类群体，探索打造劳动教育实践教育课程进阶版，并从以下五个方面着手把握：

（1）创新课程内容。面对新时代的大学生群体，有创意、新颖、多元、丰富的课程内容必不可少，可以在吸收传统授课精髓的基础上，强调学生个体在课程中的主体性地位，用先进人物、模范人物的精神鼓励学生，督促学生完成系统的劳动训练、就业尝试、社区服务、智能科技等课程。与此同时，还要注重大学生的劳动观念培养，在课程中体现劳动技能培养、社会调研能力、劳动成就感等内容。

（2）丰富授课媒介。现代科技发展为劳动教育提供了有力的技术支持，高校要有效利用多媒体，发挥线上加线下的授课优势，将第一课堂与第二课堂有机融合，给社会、高校、家庭、学生提供优质、高效、通畅的沟通平台，助力新时期的劳动实践教育迈向更高的台阶。

（3）统筹授课形式。多样化的课程内容和丰富的授课媒介对授课形式提出了更高要求，高校要优化授课形式，将项目制作、实景打造、实验考核、小组协作、成果转化等与课堂有机衔接，将现代商业众创等形式引入劳动实践教育中，让学生在小组合作中，发挥各自优势，博采众长，最终形成有序合作、动态成长的授课系统。

（4）精进课程安排。劳动实践课的安排体现"整""精"的理念，以项目制组织课程，以学期为单位，精进课程安排；劳动实践课时的安排体现连贯性，保证学生在不间断的课时中深入项目各环节，最终达到劳动教化的目的。

（5）量化课程评价。从整体成效上把握劳动实践课，就需要拓宽评价维度，完善评价体系，将学生在学习、实践（实验）、创新中的真实表现考虑在内，设计符合促进劳动实践、社会服务的量化标准，呈现学生个案调查、数据分析、文献检索等方面的能力。

三、高校劳动教育与创新创业教育相结合体系

在全球科技革命与产业变革的全新挑战及国内经济发展增速换挡、结构

调整及新兴行业不断涌现的社会经济背景下，高校寻求自身快速、优质、健康、良性发展的途径就是要加快推进高校劳动教育与创新教育的融合进程，革新新时代高校人才培养模式，提高人才培养能力，打造升级"双创"教育，为社会主义现代化建设培养更多优质素养型人才。同时，鼓励当代大学生利用学校、社会、国家搭建的现代化、信息化平台积极创新创业。这不仅仅是从学校长远发展规划和实现学生个性发展角度，来思考学校亟待去应对的问题和关键选择，更是国家创新驱动发展战略和"大众创业、万众创新"战略决策部署对高校劳动教育提出的重要要求。通过导入"双创"教育与劳动教育双模式、全方位的创新人才培养计划，打造一支"大众创业、万众创新"的创新型社会构建主力人才队伍，全面提升我国创新型社会建设质量，提高我国应对全球科技革命与产业变革全新挑战的能力。

（一）劳动教育与创新创业教育相结合的意义

1. 推进劳动教育与创新创业教育的融入关系

推进劳动教育与创新创业教育的融入关系，需要坚持以下三个原则：

首先，要以科学政策、科学体系、科学制度、科学保障为融入基础，这是从顶层设计角度提出的要求。

其次，要以科学教学规律、科学教学要求、科学教学方向为执行原则，这是从实施过程角度提出的要求，具体说来，应该做到：①优化科学培养方案设计。例如积极导入类似创新创业、劳动学分转换制、弹性学习体制等。②优化多元教师团队建设。即建立以专业教师、劳动模范、能工巧匠为核心的、稳定的、多元化的劳动教育教师团队。③优化教学资源合理配置。即统筹利用校内（创新创业实验室）、校外（实践基地）教学资源，实现资源的最大化合理配置。④优化实践教学课程设置。即以提升学生的劳动实践能力为目标，建立以学生为主体、以凸显劳动教育课程地位的实践教学体系。⑤优化创新创业教材内容。即要在专业课教学体系中逐渐凸显劳动教育的地位，通过新编与劳动教育融合的创新创业校本教材，并增设相关校本课程教学，提升学生自主创新创业的意识和能力。

最后，要以科学的社会评价、企业反馈为方向指导，这是从融入效果角度提出的要求。

2. 满足新时代创新型人才培养的要求

教育与生产劳动相结合是马克思主义经典论述，很多教育学家都支持教育教学要与生产劳动相结合，同时，联合国教科文组织在北京召开的"面向21世纪教育国际研讨会"上，首次提出了"创业教育"的概念并指出"创业能力完全是从做中学来的"，必须改变学习方式，可见创新创业教育概念的阐发是基于"劳动"这一基本观点，这也对创新创业教育与劳动教育相结合提出了根本要求。

创新创业是基于创新基础上的创业活动，创新是创新创业的特质，创业是创新创业的目标。从本质上来说，创新创业是一种具有开拓性与原创性的社会实践活动。创新创业教育是培养具有创业基本素质和开创性个性的人才的重要教育形式，想要实现高效的创新创业效果，就需要学校既强化劳动教育，比如强化劳动观念、劳动技能等，又要大力弘扬匠人精神、劳模精神，既提升学生的劳动实践能力和实践经验，又在这个过程中获得丰富的精神世界。这不仅仅是进入 21 世纪全球科技创新、信息化普及、人工智能时代后，实现高校劳动教育人才培养计划的必然选择，更是新时代的"劳动"教育所被赋予的新的内涵——探索真理、重视实践。在新课程改革的大背景下，不断推动教学方式改革，完善教学内容，实行课堂教学与课后实践并举，对培养大学生创新创业的综合素养，提升我国人才培养质量具有十分重要的现实意义。

从教育内容和教育目标来看，劳动教育和创新创业教育具有内在统一性，都是为培养综合素质全面发展的开创型人才进行的教育。"将劳动教育融入创新创业教育，不仅能为大学生素质的提升提供一种实践途径，也为大学生树立正确的劳动观、价值观提供方向保证和精神动力支撑。"

3. 加快实现"以劳创新"的重要举措

"以劳创新"就是将劳动教育融入创新创业教育过程中，通过凸显劳动教育在人才培养方面的重要作用，以明确的教育目标为导向，强力推动决策部署，全面提升劳动教育和创新创业水平。劳动教育之所以在创新创业教育中可以发挥作用，主要是由劳动在创新创业教育中的重要地位决定的。劳动教育可以建立完善的人才培养体系，是实现学生德智体美劳全面发展的重要教育内容。通过劳动教育可以培养爱岗敬业、甘于奉献的精神品质，这种教育效果使之成为全面培养教育体系中至关重要的一环。因此，高校一定要重视劳动教育与创新创业教育的有机融合，以提升人才培养质量，推动"大众创业、万众创新"。

当前我国创新创业教育仍处于起步阶段，中共中央、国务院印发的《中国教育现代化 2035》中要求"弘扬劳动精神，教育引导学生崇尚劳动、尊重劳动、树立依靠辛勤劳动创造美好未来的观念。强化实践动手能力、合作能力、创新能力的培养"，将劳动教育与创新创业教育相融合，能够丰富高校创新创业教育的教学内容。

（1）以劳动助创业，强化创业教育的普遍性。就现阶段而言，高校创新创业教育正面临着关键的转型期，以往的高校创新创业教育培养的学生普遍存在功利主义和追求片面的现象，这主要有两方面的原因：首先是高校创新创业教育辐射面窄，过于关注赛事类创业项目。其次是高校创新创业教育忽视培养创新意识和创新精神，造成学生创新能力有余、创新思维不足。而创新创业教育和劳动教育的融合，不仅可以提高创新创业教育的覆盖率，丰富创新创业项目类别，明确创新创业方向，同时，可以通过普及化的教育方式，带动学生个人发展和全面进步，进而实现创新创业教育的教学目的，最大化地呈现教学效果。

（2）以劳动助创造，提高创业教育有效性。首先，劳动教育的目的在于通过对学生劳动知识的教育，引导学生树立劳模精神，热爱并勤于劳动实践，这与创新创业教育的目的具有一定的相似性，实现二者的有机融合与统一，可以提高创业教育的有效性。树立正确的劳动意识观念，对大学生创新意识、创业精神起着导向、激励和精神支撑作用，大学生创新创业目标的确立也是人生理想实现的外在表现，因此，将创新创业教育与劳动教育融合，可以坚定学生创新创业的理想信念，提高个人发展的可靠性。此外，行动教育过程中的学习经验总结，可以为创新创业实践教学提供参考，从而提高创新创业教育实践层面的有效性。结合大学生创新创业教育的现实情况研究分析大学生创新创业的心理活动，从而有针对性地开展劳动教育教学工作，这不仅可以充分调动大学生对学校创新创业相关活动参加的积极性和自觉性，还能够在课堂学习和课外活动中提高大学生创新创业教育的实效性。

劳动教育与创新创业教育实则高度统一，彼此相互融合、相辅相成。创新创业教育的发展离不开劳动教育对其进行价值引领，劳动教育的理论支撑离不开解决现实问题的创新创业教育，二者相融合，才能更好地协同发展，合力推进深化高等教育改革，全面提高大学生的综合素质与能力。

（二）劳动教育与创新创业教育相结合的实施路径

1.培养创新精神，树立创业意识

创新精神、创业意识是当前大学生必须具备的一种重要的个人素质，通过劳动教育的价值引导，有助于大学生树立正确的创新创业意识，如果没有劳动意识的引导，创新创业活动将失去劳动根基。大学生如具备实现自我价值的强烈的创新创业意识，更能促进他们通过劳动实现人生价值，激发劳动创造力。

大学生作为受教育程度较高、思维活跃、接受新鲜事物能力较强的社会群体，富有极强的创造性和创新精神，他们有较强的主体性、自觉性、能动性和敏锐性，有巨大的潜力和强烈的创新创业的愿望，通过劳动教育的融入，大学生更能选定适合自己的行之有效的学习方案。因此，创新创业教育离不开劳动教育的正确引导，激发大学生通过创新思维正确认识自己，培育创业意识，发掘自我潜能，提升创新创业能力，从而创造出劳动价值、个人价值、社会价值。

2. 创新人才培养方案

要将劳动教育与创新创业教育的融合贯穿人才培养的整个过程，融入校园文化当中，教育对象是全体学生，高校在设置人才培养方案时，将劳动创新能力、劳动创业意识的培育作为教育的目标之一，劳动教育融入创新创业教育当中是一项复杂的系统性工程，要引导学生关注社会新动态；高校内部各部门要整合、出台相应配套措施，做到定期沟通、与时俱进，同各职能部门协调联动，同时，更要发挥高校与家庭、社会、政府协同育人的新优势，加强劳动和实践育人。构建学科教学和校园文化相融合、家庭和社会相衔接的综合劳动实践育人机制。协同培养创新创业型人才，发挥各个育人环节的资源优势，实现协同育人作用最大化。

此外，在培养目标上，必须面向全体大学生坚持渗透劳动教育观念，在教学课堂和校园特色文化的双重影响下，形成学习实践双向互动的教学模式，构建劳动教育融入创新创业教育的高校人才培养体系，使课程更有针对性，培养过程更具活力，激发学生的无限潜能。

3. 完善"创新创业 + 劳动教育"的课程设置

劳动教育中最为关键的一环是对学生进行"劳动最光荣、劳动最崇高、劳动最伟大、劳动最美丽"的劳动情怀的教育，它不仅仅是对劳动的情感体现，更在创新创业教育中发挥着重要的思想引导作用。课堂是教学知识的讲授空间，课程设置是教学效果能否最大化体现的重要内容，在实际劳动教育与创新创业教育过程中，要两手抓科学文化知识学习和理想信念及劳动情怀培养。

在课程设置中既体现劳动情怀，又体现实践能力培养，让学生切实地把家庭幸福和个人成长同国家富强和民族复兴联系起来，增强国家责任感和民族自豪感。

实现创新创业教育和劳动教育的有机融合就是要改变传统课堂教的育模式，明确培养综合型、素质型、劳动型人才的目标，以经验导入为切入点培育学生的劳动实践能力。为确保实现劳动创新型人才培养计划，就要做到：

第一，创新专业设置。在原有的专业体系中，融入"创新创业＋劳动教育"让学生在学习过程中，既体会到"尊重知识、尊重教师、尊重创造"，又明白"尊重劳动"的必要性。

第二，创新特色课程。加大对现实劳动模范事例和工匠精神等精神文化内涵的展示，以完善特色课程建设，培养学生养成科学的劳动价值观，并以时代楷模的精神时刻激励自己。

4. 围绕创新创业实践活动激发学生全面发展的动力

劳动教育和创新创业教育从本质上来说，都属于实践教学，因而可以实现学生综合素质的全面提升。在实际实践教学过程中，培养学生利用创新精神开展创新创业，提高学生的劳动意识和劳动能力，主要可以从以下三方面入手：

第一，课内实践教学。教师和学生要重视提高劳动技能的课堂教学活动，有效利用实践教学，加强实操实训，鼓励和支持"劳动＋"创新创业类科研项目立项。

第二，课外实践活动。课外实践活动的重要意义在于可以让学生在实践中，感知劳动者的劳动精神和奉献精神，从而尊敬和学习劳动者，提高自身的劳动能力。从实际操作层面来讲，就是要鼓励学生积极参与到实践活动中去，比如寒暑假基层生产活动、参观实训基地、讲述劳动者的典型事例等。同时，学校也要自发组织创新创业活动，比如创办创新创业社团、举办创业沙龙研讨会等，为学生开展课外实践提供平台支持，让学生在实践中感受劳动的快乐和成就感。

第三，校外实践实习。教学的最终目的是指导实践，校外实践实习其实就是让学生将自己的所学运用到现实工作中，如投身创新创业项目、志愿服务等。

5. 搭建创新创业与劳动教育融合平台推动多方协同合力

高校建设的创新创业项目孵化基地是大学生劳动实践和劳动创造的实践平台，对各类创新创业项目的孵化和成长、学生获得真实的创业体验和劳动体验起着积极的推动作用。很多高校建立大学生创业园，聘请校内外创新创业导师。首先，面向全校范围遴选项目团队，免费提供创业园区办公场所和公共设施，甚至设立数目可观的创业基金，为创新创业项目搭建指导服务平台，建立具有劳动精神的服务团队，实行全程指导和服务。其次，充分利用社会资源。美国高等院校创新创业教育起步早发展好，其获得成功的原因之一就是积极推动企业进校园，充分发挥企业家的作用。

强化高校、企业、劳模三位一体的相互促进育人育才模式，就是要在创新创业教育与劳动教育融合的过程中做到：

第一，推动校企"产学研"结合。即与企业科研合作，将研究机构设置在校园内，为学生正常开展劳动实践和学科研究创造便利条件。

第二，发挥企业劳动模范的带动作用。企业劳动模范往往具有特别突出的事例和精神，丰富的劳动经验和心得体会，可以为学生的劳动实践提供示范，从而起到榜样的带头作用。

第三，搭建校企资源共享平台。即与劳动模范所在企业建立社会实践资源共享平台，拓展学生课外实践的空间，发挥多方协作力量开展创新创业项目的实践活动。

6.培育"双师型"教师队伍，提高对学生创新劳动的指导力

"双师型"教师是高等教育教师队伍建设的特点和重点，但随着高校创新创业教育与劳动教育融合的需要，大力加强"双师型"教师队伍建设，已成为社会和教育界的共同呼声，高校"双师型"教师指的是"双素质型"教师，即教师既具备理论教学的素质，也具备实践教学、指导学生实践的素质。这就要求教师既要有良好的职业道德，教书育人，又能通过劳动实践，将劳动教育与创新创业教育融合，对学生进行专业的、有针对性的指导，能够按照市场调查、市场分析、行业分析、职业及职业岗位群分析，调整和改进培养目标、教学内容、教学方法，通过劳动教育，加强对学生创新创业的知识传授及实践技能培养，进行专业的开发和改造等。加强"双师型"教师队伍建设需做到以下两方面：

一方面，要加强教师劳动教育与创新创业教育结合的理论、知识培训，建立指导教师培训机制。同时，组织教师到企业挂职锻炼，鼓励教师参与社会的行业劳动及创新创业实践。美国高校往往鼓励教师投身到社会服务当中，包括担任总统顾问、联邦储备局董事主席、国家经济委员会主任等，让教师

与社会和社区保持良好的关系，这对于我国高校来讲，其实就是让教师投入社会劳动过程中，或者聘请具有劳动经验的社会人士作为教师，在高校建立一支劳动教育和创新创业教育相结合的综合性师资队伍。稳定的创新创业教育和创业指导专职教师用专业水平树立标杆，引导学生崇尚劳动价值。培养"双师型"教师队伍，组织任课教师及辅导员队伍，参加旨在提升创新创业教师的教学指导服务能力的各类培训，为学生的劳动教育奠定良好基础。学校在二级学院专门组成以院长为组长、分管创新创业的副院长为副组长的创新创业教育工作领导小组，聘请学校各系专业教师作为创业导师。

另一方面，积极聘请优秀企业家和优秀创业者等担任兼职创新创业导师，聘请全国劳模担任德育导师，开展"大国工匠面对面"等活动，探索形成具有可持续、可示范、可引领、可辐射、可推广意义的先进经验和典型做法。在创新创业指导中发挥劳动教育的榜样引领作用。此举既能让社会劳动教育与高校创新创业意识相结合，培养学生的劳动能力，又能让学生更好地汲取社会经验。

四、高校劳动教育与产教融合相结合体系

产教融合是高等教育内涵发展和产业升级、技术进步的有力支撑。在中国特色社会主义进入新时代的今天，坚持劳动教育不是中华人民共和国成立初期劳动教育的简单"回归"，也不是对过去"教育与生产劳动相结合"方针的机械重复，而是将劳动教育体系建立在产业链、需求链之上，是满足产业发展与经济转型的必然要求。

党的十九大报告中明确提出，深化产教融合、校企合作，实现高等教育内涵式发展。2017 年，国务院《关于深化产教融合的若干意见》发布，明确要求同步规划产教融合与经济社会发展；逐步提高行业企业参与办学程度，全面推行校企协同育人；用十年左右时间，总体形成教育和产业统筹融合、良性互动的发展格局，健全需求导向的人才培养模式，基本解决人才教育供给与产业需求重大结构性矛盾，显著增强职业教育、高等教育对经济发展和产业升级的贡献。这标志着产教融合的学校主体由职业院校延伸到所有高等院校乃至整个教育体系。

"产"就是对"产业"的简称，"教"即"教育"。产教融合是教育部门（主要是院校）与产业部门（行业、企业）充分依托各自的优势，以服务经济转型和满足需求为出发点，促进产业、教育内部及相互之间各要素的优化组合和高度融合，各参与主体相互配合的一种经济教育活动方式。产教融合承担起高校毕业生顺利走向工作岗位且能胜任工作的重任，是学校和产业之间有效衔接的桥梁。

（一）劳动教育与产教融合相结合的意义

1.劳动教育是推动产教融合高质量发展的动力

（1）劳动教育丰富了产教融合的内涵。当前的产教合作大多以项目合作、技术开发为载体和主要驱动力。在现有的模式下，高校在培养人才时，主要从产业发展的技术需求切入、实现高校人才培养与企业和行业对接。但缺少以文化共融为支撑的产教结合，很难实现产业与教育各要素之间的优化组合和高度融合。在此，劳动教育在促进产教融合上扮演着重要角色。

在企业的发展过程中，和谐劳动关系是重要的影响因素之一。企业要在遵守相关法律法规的基础上提高自身的发展能力，为员工创造成长空间的同时让他们收获经营的果实；同样，作为企业工作人员，要做到爱岗敬业、遵纪守法，高效率完成工作任务，为促进企业快速发展贡献力量。各高校在培养学生时，将有关和谐劳动关系的知识融入教育内容中，就是让大学生充分认识到构建和谐劳动关系的重要性，企业的所有工作人员都承担着构建和谐劳动关系的重任，仅仅是劳动分工有所差异。劳动教育注重培养大学生良好的行为习惯、工作态度和品德修养等，尤其是正确的人生观和价值观，使大学生具备全面的劳动素养，从而满足产业发展的需要。

（2）劳动教育加大了产教的融合深度。融合发展是科学发展的主要特征之一。产教融合不仅着力于培养技术技能人才，更是着力于产业的整个价值链。产教融合将原有的"产"与"教"的合作要素的简单叠加式的物理反应转化为相互融合的化学反应。

劳动教育是通往职场道路的桥梁。劳动教育能够促进知识和企业文化融合，帮助大学生快速适应新的学习环境和工作环境。高校教育以教书育人为主，大学文化主要体现的是一种做人的文化；而企业文化更多体现的是一种做事的文化。大学生在两种不同的文化环境下进行过渡必然产生文化冲突，这种文化冲突对大学生的学习和工作产生消极影响，这也是高校和企业需要共同解决的问题。基于此，劳动教育培养大学生各方面的能力能够有效解决此问题，使大学生更快地适应新的工作环境，帮助大学生突破自我实现价值，促进企业发展。

（3）劳动教育实现产教融合的公益性价值。产教融合的价值具有两种属性：一种是公益性取向；另一种是非公益性取向。二者既对立又统一，对立的原因在于两种属性之间存在矛盾关系；统一的原因在于二者具有相同的目标和趋势，并通过相互配合促进高等教育快速发展。

教育服务具有普惠性、公益性、整体性以及长期性等特征，其中，公益性不仅是教育行业的首要价值，还是产业界的社会价值和目标价值。教育公益性是教育收益能够为国家全体公民提供无偿的教育服务，公益性的教育服务属于公共产品。从本质层面分析，产教融合的公益性价值与高等教育自身的属性密切相关。

劳动教育的各层面均对实现产教融合公益性价值创造活动产生积极影响。从经济角度看，劳动教育是以配合产教融合的需求为切入点，根据劳动者所掌握的专业知识与技能，提供具有针对性的教育服务，从而培育符合社会经济发展需求的人才。从社会层面分析，劳动教育能够间接地提高劳动者的收入水平，促进建立和谐的劳动关系，更重要的是，让劳动者学会保障自身的权益。从教育角度分析，劳动教育使劳动者不断吸收新的知识和技能，从而满足产业发展需求。从政策层面看，劳动教育既是一种政策，也是一种能够促使劳动者对有关政策和法令产生深层认知的方式，并帮助劳动者对劳资关系和工会组织形成正确的观念。

2. 产教融合是推动劳动教育完善与发展的动力

（1）产教融合为劳动教育体系的改进和完善提供了主线。劳动教育体系属于一种综合性的结构体系，包括多种不同的分支，比如，教育管理体系、课程教材体系以及师资培训体系等。而这套综合体系需要具有相对应的主线，才能实现劳动教育体系的优势特征，如连贯性、完整性和针对性等特征，提高劳动教育质量，实现其社会价值。以产教融合为主线，让劳动教育以协调产教关系为基础，开展劳动教育体系的构建、完善，使产教之间不断融合，才能实现劳动教育的社会价值、经济价值和教育价值。

（2）产教融合为劳动教育的应用与转化提供了方向和思路。在产教融合的发展过程中，企业的参与度不高始终是制约产教关系的重要问题，若此问题没有得到解决，则会严重影响劳动教育与产教发展的深度融合。"劳动教育"作为供给侧，展开与实施要以"产业、企业"的实际需求作为出发点，只有这样，才能真正实现两者的深度融合。此外，利益逻辑也是影响劳动教育与产教深度融合的关键问题。

通常情况下，人们普遍认为教育服务就是一种可以用于交易的产品。但是，从本质上看，人们消费教育服务的目的是通过这种服务将所学知识转化为自身能力，也就是说，将简单劳动力转化为复杂劳动力。由此可知，教育产品是人们在接受教育后形成的劳动能力。因此，学生的劳动能力增强成为劳动教育实施效果的衡量标准。

（二）劳动教育与产教融合相结合的实施路径

产教融合是一个多主体、多维度的概念，涉及政府、行业企业、学校、社会组织，国务院办公厅 2017 年发布《关于深化产教融合的若干意见》中明确提出要充分发挥政府、企业、教育、社会组织在产教融合中的重要作用，搭建"四位一体"架构，充分发挥各自的职能和优势，协同推动产教深度融合。

从教育实践的层面分析，劳动教育与产教融合相结合的核心体现在通过推进产教协同育人，真正实现教育与生产实践的深度融合。它的作用和意义体现在两个方面：一是有利于高校人才培养供给侧与产业需求侧结构要素全方位多角度的融合；二是为经济发展以及产业升级培养了大量符合需求标准的高素质人才。

1. 构建劳动教育与产教融合相结合的生态环境

劳动教育是影响产教融合发展的外部因素之一，既能够推动产教融合深入展开，还能够促进产教融合快速发展。为了构建劳动教育与产教融合相结合的生态环境，除了需要教育主管部门优化和调整劳动教育之外，还需要社会其他相关机构的力量，建立合作关系，形成利益共同体，共同构建有利于促进劳动教育与产教融合相结合的"生态环境"。

（1）加强劳动教育与产教融合相结合的顶层设计。明确劳动教育与产教融合的结合点，精准定位能够促进劳动教育与产教融合相结合的实施主体和管理主体。

（2）劳动教育的展开要以产教融合的需求作为切入点，根据劳动者所掌握的知识与技能情况，提供专业的教育服务，促使劳动者学习和探索新的理论知识，并提高劳动者的实践能力和适应能力等，从而满足社会经济发展的人才需求。

（3）劳动教育应着力于建立和谐的劳动关系，使劳动者对于相关政策、法令有所了解，同时对于劳资关系及工会组织树立正确的观念以促进产业发展的需要。

（4）根据产教融合发展的目的，政府要从教育政策、经济政策以及社会福利政策入手，并对其进行优化和调整，将施力点放在外部环境的营造中，此外，还要有效落实产教融合的劳动教育机制。

（5）完善和理顺经费保障机制。相比于产教融合中"教"的直观性，劳动教育体现出显著的间接性，无论是教育效果还是企业利润，都无法即时显现出来，企业投资的动力自然无法调动起来。然而，是劳动教育对经济发展的作用是不可忽视的。因此，要明确劳动教育的产品性质，从而明确公共财政投入的主体机制。

2. 加强平台载体建设，建立行业协调对话机制

行业是具有相似性的企业共同组成的群体，这些企业之间还存在竞争关系，在产教融合发展过程中，行业作为产业的载体，具有承上启下的作用。随着信息技术的快速发展，平台载体的建设逐渐完善，从而有利于劳动教育与产教融合的深度结合，换言之，加强平台载体建设能够促进劳动教育与产教融合的深度结合。一是创建产教融合综合信息服务平台，汇聚各类信息向主体提供精准服务，如信息检索、发布以及推荐等服务。二是建立产教融合统计评价体系，组织和协调第三方开展产教融合效能评价，最终的评价结果既可以作为绩效考核和表彰激励的参考标准，也可以作为投入引导和试点选择的重要依据。三是加强公共实训基地建设，公共实训基地是学生主要的培训实践场所，基地建设除了需要政府提供政策支持外，还需要社会各培训机构和龙头企业的资金和技术支持。

此外，从机构建设角度，可在国家教育主管部门层面设立劳动教育管理

机构，或在已有相关部门增设劳动教育管理职责；成立行业劳动教育指导委员会，负责行业与劳动教育实施主体的交流和指导。就劳动教育与产业行业而言，可采取的形式是以行业教育管理部门与劳动教育指导委员会为责任主体，开设劳动教育与产教融合交流平台或高峰论坛等，涉及的内容包括劳动意识、劳动权利、劳动伦理、劳动关系、劳动条件、劳动安全与保障和劳动职业生涯发展教育等。另外，还要建立各类行业协会与劳动教育实施主体的经常性对话协商机制。

3. 推进产教协同育人，实现教育与生产实践相结合

从本质上而言，劳动作为人类的基本活动，是实现人类全面发展的重要道路。而教育与生产劳动相结合不仅是劳动教育的核心内容，还是社会主义教育的根本原则。教育与生产劳动的融合既能够增加劳动者的福利，提高劳动者的科学水平和文化素养，还能够促进社会经济的发展。总之，教育与生产活动的相互渗透、相互融合是实现人们全面自由发展的根本途径。通过产教融合、校企合作协同人，开展多层次合作办学等方式，不仅能够有效地解决劳动教育"纸上谈兵"的困境，还能够解决高校人才培养的供给和产业、企业发展需求相背离的问题，真正实现教育与生产活动相结合，从而达到劳动教育的根本目的。

4. 发挥企业在劳动教育与产教融合相结合中的作用

企业的教育是产教融合发展的必要条件，同时也是产教融合最本质的特征。若企业人力资源的开发得不到重视，则产教融合和校企合作也无法有效实施，也就是说，培育企业教育资源的开发能力是产教融合得以有效实施的

基础和前提。在劳动教育与产教融合相结合的过程中，企业占据着至关重要的主体地位，如果企业的主体作用能够得到充分且有效的发挥，那么企业将会积极地参与到产教融合中，并打破以往流于形式的产教融合模式，建立具有创新性的新型产教融合模式，实现劳动教育与产教融合的深度结合，比如，通过"产教融合型"企业评定标准和奖励方法的制定，选出符合"产教融合型"评定标准的企业，并给予资金和技术等方面的支持，除此之外，"引企入教"作为劳动教育与产教融合相结合过程中的一项重要举措，目的就是让高校更加深入地了解企业发展的需求，有针对性地为企业培育人才，通过多种不同的方式引导企业深度参与高校教育教学的各个环节中，例如，教材开发、课程设置以及实习实训等环节。

5. 通过劳动教育打造产教融合的利益共同体

产教融合的发展实际上是一种由幼稚到成熟、由松散到紧密的合作过程，此过程主要包括三种合作形式，分别是浅层次合作、中层次合作和深层次合作。其中，浅层次合作是在学校的主导作用下，通过感情联络而进行的合作；中层次合作是高校为企业提供各种服务，企业为院校提供资金支持，通过建立横向联合体来进行合作；深层次合作是高校与企业相互渗透，建立一种深度融合的利益共享关系。在高校与企业的合作过程中，高校的教育目标非常明确，即根据企业对人才的需求标准来培养学生。具体而言，高校通过与企业建立密切联系，逐渐了解和掌握企业的发展需求以及整个行业的发展趋势，针对教学方向及模式进行改革和创新。为满足企业的发展需求培养人才，企业在经济利益的驱动下追求价值最大化，可以在高校提供的人才基础上进行继续教育。在产教融合中，企业为教育发展提供资金支持，既发挥了宣传作用，还树立了良好的企业形象；学校、政府为企业提供资源和政策等方面的支持，极大降低了企业的生产成本，再加上新技术的引进和新设备的应用，明显提高了企业的收益水平。因此，通过推动劳动教育与产教融合相结合，促进校企双方建立利益共同体，培养符合社会经济发展所需的高素质创新型人才，有利于企业以及整个行业的快速发展。

五、高校劳动教育与校园文化相结合体系

高校校园文化是在高校校园内部长期的教育、学习和生活中，所形成的一种价值观念、精神支柱、学校传统、行为准则、道德规范的总和，包括高校的物质文化、精神文化、制度文化三部分。换言之，高校校园文化是时代精神在高校的客观反映，是社会主义办学方向和指导思想在高校的集中体现。

（一）劳动教育与校园文化相结合的意义

充分发挥校园文化的导向、规范、教育、激励、凝聚功能，对加强劳动教育，培养德智体美劳全面发展的社会主义建设者和接班人具有重要意义，是高校教育面临的一项迫切任务。

1. 有利于高校整合劳动教育的资源

文化所包含的内容十分复杂，有物质财富和精神财富，涵盖人类衣食住行的方方面面，也包括人类在长期发展过程中形成的社会风俗习惯。校园是社会的一个组成部分，校园文化自然也是社会文化的一个组成部分，在社会文化这个大环境中，校园文化是一种非常特殊的亚文化形态，具有自身的特

色。校园文化可以看作一种社会现象，具有复合性的特点，包括学校的传统、领导和教师的工作作风、学生的学风、校园的文化氛围、制度等多个方面，而这些方面恰恰是高校开展劳动教育、培育大学生劳动价值观的重要途径。因此，从这一意义上讲，校园文化建设和劳动教育在培养目标、实施途径等方面是高度吻合的。校园文化建设的多种载体和多样化的形式，为劳动教育的有效开展提供了广阔的平台，拓宽了劳动教育的实践形式，形成了多部门、多载体、多种形式共同培育大学生劳动价值观的合力；而劳动教育的深入开展，又会为校园文化建设提供有力抓手，进一步助推校园文化建设，提升校园文化建设的内涵和层次，最终服务于人才培养目标的实现。

2. 有利于高校形成崇尚劳动的氛围

在我国几千年的文化传承中，劳动教育的思想始终存在。比如，明末清初的教育家颜元就十分重视劳动教育，他提出保养身体没有比多运动、多做事更好的了，早起晚睡，振奋精神，找到要做的事情，任何行动有规律，就不会感到困倦疲劳，反而一天比一天精神健壮。中华人民共和国刚刚成立时，生活条件艰苦，但是热爱劳动、崇尚劳动的社会风气是那个时代的主流。例如，铁人王进喜、自己一个人脏换来大家干净的时传祥、"一抓准，一口清"的张秉贵等，这些劳动模范成为那个时代无数人景仰的对象，也成为很多人心目中难忘的回忆。由此可见，中华民族对于劳动一直十分尊崇，辛勤劳动和劳动光荣的思想一直激励着人们不断前进，成为宝贵的精神财富。当今社会，多种文化相互碰撞，劳动教育却不受重视，中华民族传统的劳动美德并没有很好地传承下来。在不良消费主义思潮的冲击下，部分大学生没有充分认识到劳动的重要价值。在高校校园文化建设中，通过开展丰富多样的劳动实践活动，学生在劳动体验的过程中，身体"在场"的劳动、体验，亲临劳动教育现场，实现由"身"到"心""身心合一"的劳动教育实践，进而形成热爱劳动、崇尚劳动、尊重劳动者的价值观念，步入社会后能够成长为辛勤劳动、诚实劳动、创造性劳动的社会主义建设者和接班人。

3. 有利于高校劳动精神的凝练传承

文化需要传承，在传承中不断发展，一种文化形成后，就会成为其他人模仿借鉴的对象，并不断传播扩散，既会在代际之间纵向传递，也会在不同民族、地区之间横向传递。从纵向角度来看，通过校园文化建设，对学生进行劳动教育，可以在校园内形成崇尚劳动、劳动光荣的文化氛围，在长期发展中就会逐渐沉淀下来形成崇尚劳动的文化氛围，学生就会在无形中受到感染和熏陶，让学生在这种文化的熏陶下自觉行动、积极实践，在潜移默化中对学生进行劳动教育。从横向角度来看，如今的高等教育逐渐普及，大学原本处在社会的边缘，如今却逐渐走向中心，与社会的融合度越来越高。当代大学生的文化素养和科学素养较高，是当代社会的一批优秀青年。因此更要对大学生进行劳动教育，让他们正确看待劳动的价值。

（二）劳动教育与高校校园文化相结合的实施路径

实现劳动教育与校园文化相结合，将劳动观、劳动精神融入师生员工的学习、工作和生活中，是高校加强劳动教育的有效途径。

1. 促使高校精神载体成为劳动教育的思想引领

高校精神载体主要包括校史、校训、校歌等。任何一所高校在长期的办学历史中，都蕴含了一代又一代开拓者、建设者、改革者的不懈努力。在进行劳动教育的过程中，要充分发掘校园历史中的资源，发现其中与创新、拼搏、自立自强等精神相关的人物和故事，通过图片展览、话剧表演或视频等方式将人物和故事再现，对广大师生进行劳动教育，让他们认识到劳动对于未来的重要性。比如，中国新型高等教育的开创者吴玉章在创建中国人民大学时，虽然已经年过七旬，却仍然呕心沥血，历尽重重的艰辛，在较短的时间内完成了学校的筹备工作，后来又管理学校 17 年，在这段时间内，为中国高等教育事业的发展做出了伟大的贡献。在中国人民大学纪念建校 80 周年时，学校的话剧团专门创作了话剧来纪念吴玉章先生的卓越贡献，给广大师生留下了深刻的印象。

校训短小精悍、言简意赅、便于记忆，是高校教育理念、人文精神、历史文化积淀的高度凝练，在高校开展劳动教育的过程中具有灵魂和航标的作用。在入选一流大学建设的 36 所高校中，共有 16 所高校在校训中体现了劳动教育的内容，其中，重庆大学直接把"耐苦劳"写入校训，北京理工大学等 5 所高校将"勤奋"写入校训；南京大学和西北工业大学在校训中都以"诚"字提出了"诚实劳动"的要求；浙江大学等 9 所高校在校训中突出"创新"，是"创造性劳动"的直接体现。

校歌用真情感动着每一个人，是全体师生情感联系的纽带，每次唱起校歌，总是能让人想起难忘的校园时光，也总是能让人想到一代代校园人为建设校园而付出的努力。例如，北京大学的校歌充满气势、鼓舞人心，充分表现了北大人具有的拼搏和自强自立的精神；南开大学的校歌则充分体现了南开慧勇敢、勇于创新的精神，智；中山大学的校歌融入了一代代师生的美好愿望和奋斗历程。校歌中蕴含的奋斗拼搏的精神正是劳动思想的体现，通过全体师生的吟唱，无形中对学生进行劳动教育。

2. 培养高校教职员工成为劳动教育的先锋模范

高校是人才培养的摇篮，教师是人才的培养者。高校的教师既要向学生传授知识，解答学生的困惑，更要以身作则，为人师表，通过自己的一言一行影响学生，帮助学生树立正确的人生观和价值观。比如，吉林大学的教授黄大年，带领他的团队屡次争夺第一，在深地资源探测和国防安全等方面做出了伟大的贡献，黄大年先生既是一位优秀的教师，也是人们学习的榜样，带领学生通过辛勤劳动，不断创新，让学生通过劳动和付出成就更好的人生。

高校要重视教师队伍师德和师风的建设，在教师德行和作风内涵中融入劳动精神和工匠精神，在贯彻落实思想政治工作和进行科研工作时，也要同样重视建设教师队伍的师德和师风；新时代，教育体制改革不断深入，高校要重视建立科学的教育评价，在高等教育理念中融入劳动教育的内涵，加强教师队伍建设，引导教师以身作则，在工作中严谨认真、积极进取、不断开拓创新，对待学生有耐心，提高教师队伍整体水平，引导教师热爱劳动，在科研工作中具有工匠精神和劳动精神；此外，学校还要重视宣传工作，选拔优秀教师，宣传优秀教师热爱劳动、辛勤劳动、严于律己的精神品质，以教师高尚的品格来影响学生。

3. 强化高校身边榜样成为劳动教育的时尚表率

任何时候，高校校园都会涌现出许多劳动模范，也总会传出寒门学子艰苦奋斗的励志故事。这些动人的故事、学习的榜样就来自大学生群体。学校可以组织专门的采访队伍，采访身边发生的榜样事迹，开展榜样选拔和宣传活动，从普通的大学生入手，从中发现刻苦努力、开拓创新、艰苦奋斗的人物和故事，在学生党员中推选出无私奉献、默默奋斗、自立自强的典范，还可以采访各界的校友，听取他们创业的故事和扎实苦干、不断拼搏的事迹，用这些人的成长经历和奋斗过程来影响大学生，让他们认识到劳动的重要性，明确只有通过劳动才能获得成功。比如，北京大学举办的学生年度人物评选活动，每年选出 10 位优秀学生代表，这些学生有的是成绩突出的学习者，有的是不断开拓创新的科研者，有勇于实践、综合素质突出的优秀人才，还有热心于公益服务的志愿者。

大国工匠和劳动模范在劳动教育中具有引领效应，应将大国工匠、劳动模范请进校园，让他们从电视屏幕上、橱窗展板上走下来，走进教室、走上讲台、走到大学生身边，让大学生近距离感受劳模精神、劳动精神和工匠精神。例如，中国劳动关系学院充分利用"劳动模范在校园，大国工匠在身边"的优势，聘请 4 位校内外大国工匠和劳动模范担任大学生德育导师、6 位劳模学员担任兼职辅导员，让他们与大学生一起开展班级活动，共同参加社会实践，在深入交流的过程中，潜移默化地用劳模品质引导青年大学生，用劳模精神感染青年大学生，取得了很好的效果。

4. 举办高校文化活动成为劳动教育的有力方式

采取丰富多彩的教育形式和喜闻乐见的活动方式，打造以"弘扬劳动精神、培养劳动情怀"为主题的"劳动教育"系列活动，让形式多样的校园文化活动有组织导向，让积极参与其中的大学生有努力方向。在新生入学教育中融入劳动教育内容，让大学生在知校爱校的同时，深刻领会劳动和劳动精神的内涵；在毕业生离校时，选拔学校形象代言人，鼓励毕业生用"干劲、闯劲、钻劲"在各自工作岗位上为实现个人梦想、为国家创新发展不懈努力；开展创新创业系列讲座、创新创业作品设计大赛，开辟大学生创新创业园区，鼓励大学生积极参与创新创业，在劳动中成就未来；以"探寻劳模成长历程"为主题组织社会实践活动，带领大学生深入劳模工作单位，感受一线劳动的魅力；引领学生参与志愿服务，在服务他人的同时，收获劳动的快乐。同时，充分发挥高校的科研优势，引导师生申请劳动教育研究课题、举办劳动精神专题论坛，邀请专家学者、劳模代表、优秀校友进行主题讲座，为开展劳动教育、传播劳动精神提供智力支持和理论支撑。

5. 高校新媒体平台成为劳动教育的重要阵地

在用好橱窗、海报、标语、报纸等传统媒体的同时，要抢占新媒体阵地，充分发挥网络、微信、微博等新媒体平台的优势，进行全媒体传播，制作推广更多轻量化的，可视性高、互动性强的新媒体宣传作品，实现更好的传播效果；把握网络传播的特点，根据"网络原住民"的媒体接触习惯，用平视的角度、平和的态度、平等的互动实现有效传播、推动劳动教育。打造"身边劳模""我身边的最美劳动者""青年劳动之声"等师生喜闻乐见的多媒体产品，提升劳动教育的丰富性；开设"人物志""榜样的力量"等栏目，增强劳动教育的吸引力和感染力；通过微直播、微寄语等板块，鼓励师生参与劳动教育话题，分享劳动教育感悟，提出劳动教育建议，增强劳动教育的互动性。这些方式让劳动教育"活起来""实起来""酷起来"，增强劳模精神的时代感和感染力，提升劳动教育的实际效果。

6. 创设高校物质制度环境成为劳动教育的肥沃土壤

打造劳动教育文化墙，在文化广场、运动场等人员较为集中的地区，集中展示劳动理念、劳动标语、劳动模范、劳模事迹等劳动教育内容，增强师生员工的思想认同。重视校园楼宇文化建设，在教学楼、办公楼、图书馆、宿舍、食堂等师生工作、学习、生活的主要场所，以图片、实物、文字、视频等多种形式展示我国各行各业劳动模范和大国工匠的成长故事、非凡业绩，使劳模精神融入师生日常学习生活，生动自然地传播劳模精神、工匠精神，引导大学生摒弃精致利己主义思想，树立"崇尚一技之长，不唯学历凭能力"的劳动价值观。建立劳动教育课程标准审核和教案评价制度，健全师资队伍劳动教育考核机制，制定劳动教育相关奖学金和荣誉评选实施细则。努力让这些物质、制度环境，形成浓厚的劳动教育氛围，激发师生员工开拓进取精神，涵养深厚劳动情怀。

第三节　高校劳动教育的保障体系

一、师资队伍的保障

高校肩负着培育时代新人的职责使命，是青年大学生劳动教育的重要阵地。而教师是保障劳动教育成果的关键环节，因此，通过多种渠道培养职业化、道德化、专业化、具备一定的教学能力和政治素养的优质师资团队十分重要。

（一）推进高校劳动教育师资队伍多元化

当前，我国经济发展正处在由高速度发展向高质量发展转型的关键时期，高校肩负着培养德智体美劳全面发展的社会主义建设者和接班人的重大任务，建设一支综合素质过硬、教学水平高超的高校劳动教育师资队伍是关键一环。

1.培养劳动教育专业师资队伍

劳动教育作为一门课程，需要配备专业从事劳动教育的教师。教师的培养需要构建科学的劳动教育理论体系和学科体系。但就现阶段劳动教育情况而言，专业从事劳动教育教学的师资力量的短缺、专业劳动教学培养机制的不健全以及高校对劳动教育课程的短视等问题在一定程度上制约着劳动教育的成果和发展。因此，推进高校劳动教育师资队伍多元化，首先就是要完善中国特色劳动科学理论体系和学科体系建设，开设（或增设）劳动哲学、劳动文化学、劳动经济学、劳动管理学、劳动法学、劳动关系、人力资源管理、劳动与社会保障、社会工作、劳动安全工程、职工卫生等劳动教育相关学科，夯实劳动教育人才培养的基础，为劳动教育健康、和谐发展提供人才输送保障，最终实现学科建设带动人才培养，人才培养推动劳动教育师资团队多样化的良性循环。

2.打造劳动教育复合型师资队伍

劳动教育可以与高校专业课、思政课等德育、智育、体育、美育课程有机结合，充分拓展劳育对其他教育的促进作用。为此，高校要在培养劳动教育复合型教师上下功夫，鼓励支持教师积极参加基层实践，使理论知识与生产实践紧密结合，及时总结心得和经验，将劳动的元素融入各类教材的编写，将劳动的精髓融入各类人才培养方案，强化劳动教育对教育教学各个环节的影响，着力守好一段渠、种好责任田，营造各类课程都讲劳动教育的浓厚氛围。例如，教授法学课程的教师可以给学生讲述怎样克服困难"送法下乡"，服务村民；教授市场营销的教师可以给学生讲述怎样深入一线调研，获得客户消费偏好资料。

3. 构建双师型师资队伍

双师型教师与传统高校教师的不同之处在于，他们除了要具备优质的教书育人的能力和素养外，还要能够培养学生的实践技能培养。

在传道、授业、解惑的过程中，双师型教师要面临的问题主要有两个：其一是教授学生专业技能，其二是通过挂职、进修等方式，参与到与专业研究领域相关的基层社会实践中，将专业知识理论与社会实践相结合，在提升实践技能的同时，增强自身吃苦耐劳的责任感和使命感。双师型教师是高职教育教师队伍建设的特色和重点，大力加强"双师型"教师服务建设，已经成为社会和教育界的共同呼声。

4. 凝聚社会型劳动教育师资队伍

劳动教育的目的就是要培养学生的劳动精神，并将这种精神运用到社会实践中，从而推动社会发展。因此，高校劳动教育师资体系中不容忽视的重要部分就是引入优质社会人才，如劳模、"感动中国"人物、科学家等，通过讲述先进人物的典型事例，给学生带来直观、富有感染力的影响，让劳模精神、匠人精神等在学生头脑中有更深刻的感悟。高校还可以利用家长对大学生劳动教育的影响，强化正确的家庭劳动教育对大学生劳动习惯的影响力。

（二）注重师德师风理想信念的思想引领作用

师德是教师具备的最基本的职业道德素养，师风是教师这个行业的风尚风气，师德师风是教育工作者的灵魂，良好的师德可以有效促进学生优秀品格的养成，而严于律己是教师对于树立教师行业良好风尚义不容辞的责任。因此，在强化劳动教育师资团队建设的过程中，一定要同步建设师德师风，具体说来，可以从以下两方面入手：

第一，将师德师风建设作为高校劳动教育师资队伍建设的考核内容之一，并通过科学、完善的评价机制、反馈，对师德师风实行"一票否决制"。

第二，树立典型，通过劳动教育楷模的示范作用，将劳动经验打造成可复制、可模仿、可传播的典范，从而实现有理想信念、有道德节操、有专业素养的高校劳动教育师资队伍建设的目标。

（三）强化高校劳动教育师资队伍的科学规范化

劳动教育的内涵性和长远性决定了高校劳动教育师资队伍的科学规范化，即要坚定培养大学生正确的劳动价值观和社会服务观，引导其在社会中树立热爱劳动、勤奋劳动、创造性劳动的教育目标，并寻找限制高校劳动教育师资队伍建设的体制因素、制度因素及其他因素。在综合考量现实的情况下，充分利用现有平台，强化高校劳动教育师资队伍的规范化建设。在这个过程中，首先要以国家相关的劳动教育政策和形势分析为导向，正确认识高校的发展方向，弥补现有体制短板，创新人才培养机制，导入科学的人事管理方法，以促进劳动教育教师突破薪酬制度和发展空间的桎梏。同时，还要建立健全奖励机制，鼓励年轻教师深化劳动教育理念，引导其向双师型教师方向发展，吸收更多的社会精英和典型劳动人物进入课堂教学，以自身典型事例鼓舞当代学生。

二、各种条件的保障

（一）组织的保障

教育必须把培养社会主义建设者和接班人作为根本任务，强调加强党对教育工作的全面领导，是办好教育的根本保证。把全面从严治党要求落实到每个高校工作人员，把党的政治建设摆在首位，用习近平新时代中国特色社会主义思想武装头脑，充分发挥党对教育事业的监督管理和宣传引导，凝聚师生的战斗堡垒作用。

各高校需要贯彻党和国家的方针，制定基于国家政策支持和方针指导的学校劳动教育各阶段的发展规划、战略指导、发展目标和可实施性方针等。从细节上来讲，要突出劳动教育建设在学校发展规划中的重要位置，设立学科建设与管理部门，综合考量学科发展建设、专业建设和现有人员的具体情况，制订并落实学科、科研、人员建设规划。同时，除了学校内部的组织支持外，一定要充分利用行业内社会团体或者协会组织优势，通过相关部门利用科学的评价反馈机制有效评估学校，及时发现学校劳动教育建设过程中存在的问题及弊端，并根据反馈意见及时调整、优化建设体系。

（二）投入的保障

高校劳动教育的建设是一个长期的过程，需要投入大量的人力、物力、财力，以确保提升软硬件设施，进而推动高校劳动教育建设更好、更快发展。纵观现阶段高校劳动教育发展情况，高校加大对劳动教育建设的投入比重势在必行。

首先，凸显以人为本，加大师资力量投入。教育是教师的"教"和学生的"学"相互促进的过程，教师是教学活动的主导者，因此必须加大高校劳动教育建设中优质师资力量的投入。提升师资队伍整体能力和综合素养，可以通过以下三种方式来实现：①任命具有一定影响的校内教师为劳动教育课程教师；②组织以提升教师团队劳动教学能力为目的的培训和学习；③外聘具备丰富的社会实践经验或拥有典型劳模事例的先进工作者作为学校劳动教育专家库成员，以典型带动劳动精神培养。

其次，重视效率先行，加大建设资金投入。充足的资金支持是高校劳动教育建设的必要条件，只有具备充足的资金，才能配备先进的软硬件设施及吸引优质的师资力量。但是在使用教育经费时，要坚持合理高效使用的原则，一方面完善经费体系，设立专门的科研经费、专项经费及劳动教育相关活动经费；另一方面积极利用其他渠道，如政府、企业、公益组织、校友等，进行教育经费的筹措，同时要设置专门的部门监管筹措经费和监督资金使用支出。

此外，物质保障也是劳动教育发展的重要保障。包括为学科发展提供相应的教学设施、器材、设备、场地；为教师、学生等提供充足的相关书籍资料和音像资料；为教师提供相应的短期培训以及劳动教育科学研究支持等内容。

（三）时间的保障

教育是一个贯穿学生学习始终和学校建设始终的终身命题，除了空间保障之外，目前而言，摆在现阶段高校劳动教育建设面前最大的难题就是时间保障问题。调研部分高校发现，大部分学校仍然没有足够重视劳动教育建设，因此在高校劳动教育建设过程中普遍存在因时间分配得不到保障、教学有效时间得不到充分利用等而影响建设质量的问题。而要解决这一难题，全面提升高校劳动教育建设水平和质量，必须保障足够的时间分配，同时最大化利用课堂的有效教学时间。具体来说，可以从以下三方面入手。

1. 合理分配专业课程课时

学校要明确学科之间的内在联系，将劳动教育课程放在与其他专业学科同等的位置上，合理分配学科课时（一般不少于32课时）、规划学分标准等，并通过网上学习平台的搭建确保师生及时互动。

2. 完善教学评价和考核内容

在教师教学工作量统计范围中新增通识课内容和第二课堂教育，在学生期末综合考评中新增劳动相关课程。

3. 鼓励师生多维度开展实践教学

劳动教育理论知识教学的最终目的在于指导实践，并使理论知识体系在实践中得到检验和完善。因此，学校要鼓励教师以寒暑假特色劳动实践的方式开展实践教学，引导学生积极参与，实现传统课堂教学以教师传授为主的模式向学生多维度自主探究知识的转变。

（四）空间的保障

劳动教育发生的场合就是空间，随着信息化进程的不断推进，出现了基于现代化多媒体和计算机技术的多功能教室，这种教学空间的拓展使学生学习不必拘泥于教室和课堂，而是拓宽到了线上或教室外，这是高校劳动教育建设适应新时代德智体美劳全面发展教育方针的必然趋势，更是全面推进人才培养体系建设的重要发展方向。在实际劳动教育过程中，提供学生学习的空间保障主要包括学习办公场所、实践教学平台与学习基地建设、网络平台及交流空间等四方面。

（1）建立以保障专题调研、历史研究、开展研讨为目的的校内劳动教育研究基地。

（2）建立与行业部门、企业单位、社会机构等跨界合作的育人基地，为教师开展实践教学建立平台，为学生开展实习提供基地。

（3）建立以创新教学方式来激发学生学习兴趣和探究意识的网络教学空间。

（4）建立与国内外高校互动交流联系，选派优秀教师和学生外出访学，为教师和学生的素养提升创造更多、更高平台的保障，以产学研合作教育和嵌入实现育人目标。

（五）技术的保障

劳动教育建设的另一个重点就是高校劳动教育的信息化建设，通过引入现代化信息技术提高教学和科研的效率、质量。从这个角度来讲，导入以劳动教育师资资源库、数字化教学资源建设、网络教学环境的建设、多媒体设备管理等为主要内容的现代化信息技术，对于保障高校劳动教育建设有着举足轻重的作用。

首先，通过建立以现代信息技术为支撑的区域性高校共享型劳动教育教师资源库，可以为高校劳动教育搭建开放、共享、信息化的资源平台，从而实现通过整合后的劳动教育教师资源和社会人才资源，带动教师知识结构调整，完善教师团队的经验和教育教学能力。

其次，导入现代化信息技术可以有效解决现阶段高校劳动教育建设中的诸多问题，从而实现教学资源的共建共享、师生互动交流的有效化和快捷化、课堂教学内容的丰富以及学生学习的个性化定制。除此之外，不管是数字化教学资源网，还是教学环境，都要保证多媒体设备正常运行，否则现代化信息技术将无法发挥预期作用。

上述五方面基本涵盖了劳动教育发展所需要的基本内容。劳动教育发展的三大使命是立足于问题研究、着眼于学科发展、致力于实践服务。当前我们的劳动教育也需要适应时代发展的要求，着眼于不同学校劳动教育发展的具体情况，具体问题具体分析，为劳动教育的开展提供长效保障机制。

三、评价体系的保障

高校劳动教育承载着培养社会主义事业建设者和接班人的重要使命，怎样对高校开展劳动教育的情况进行评价，提出反馈意见，及时采取有效措施，纠正劳动教育实际与既定目标之间的偏差，构建科学的高校劳动教育监测评价体系成为破题的关键。

（一）科学分析，细化目标

高校要将劳动教育置于时代发展的大环境下，明确发展阶段，分析宏观、微观环境；要将大学教育的特点、发展规律、规划战略等与劳动教育结合考虑；要抓住机遇，迎难而上，快行动、重落实，将劳动教育规划渗透到学生教育的各个阶段、各个维度。在阶段规划上，注意长远和近期规划相结合；在维度上，劳动教育目标与实际成效挂钩、社会经济发展与劳动人才培养挂钩、结合教师储备与教学资源条件、结合教学过程与质量评价、结合学生在具体劳动中的表现和工作单位的满意程度等方面规划劳动教育。

（二）围绕目标，准确设计

在具体的工作中，高校要严格执行已经制定的各阶段、各维度的规划，明确考核标准，以利于后期的监管和调整。需要注意的是，要保证评价指标的科学、公正，要实现以量化为主、量化和质化相结合的评价方式，即不仅要在质量上提升劳动教育的成效，也要在具体数据上表现出来。例如在教师储备与教学资源条件保障方面，量化指标需要劳动课专业教师年增长数量是2名，质化标准则要求劳动课教师人数的增加；学生在具体劳动中的表现和工作单位的满意程度评价设定中，量化指标是工作单位对毕业生的满意度要达到90%以上，质化标准是指在毕业生后期跟踪调查中，工作单位对学生的满意度每年都在上升。但是需要注意，劳动教育评价的各指标要结合社会发展、学校规划等不断更新。

（三）持续跟踪，及时纠正

时代在变化、社会环境在变化、高校劳动教育要革故鼎新，相应地，劳动教育评价体系也需要与时俱进。首先，要保证评价组织、团队的专业性，要紧密跟踪监控，综合分析发现的问题，并及时纠正。其次，要保持与一线劳动教育教师的及时沟通，发现教育教学中实际存在的痛点，不断调整评价方法；最后，要借助融媒体平台、智能化电子设备，优化问卷调查方式，多渠道全方位地调查，及时纠正评价体系的偏差与偏离。

（四）有效反馈，落实举措

高校要在劳动教育的实施过程中，有效反馈体制机制中存在的问题，从源上解决实践中的普遍问题，具体要做到：其一，完善劳动教育监管的体制机制，保证问题反馈有顺畅的渠道。其二，评价监管部门或者机构不仅要将发现的问题通过顺畅的渠道反映给教育主管部门或责任机构，还要关注问题的解决进程。其三，对劳动教育中的重大问题，高校要及时与主管部门沟通，以尽快落实问题的解决方案。总而言之，高校要深入劳动教育实施进程，及时发现、反馈、解决问题，确保劳动教育目标和规划顺利实施。

四、社会支持的保障

劳动教育是协同教育。劳动教育活动不外乎四个方面，即受教育主体的自我劳动教育、家庭劳动教育、学校劳动教育和社会劳动教育，与此相对应，也形成四个劳动教育系统，即自我劳动教育系统、家庭劳动教育系统、学校劳动教育系统和社会劳动教育系统。这四大教育系统各具不同的教育功能，发挥不同的作用，同时又交叉影响，共同构成劳动教育协同化、社会化的基本格局。

构筑劳动教育协同化、社会化的格局，就是要全社会共同参与劳动教育，共同关心和支持劳动教育。首先，所有参与者都要以落地大学生的劳动教育为共同目标，共同打造他们作为社会主义现代化接班人的角色；其次，所有参与者要同心协力，朝着一个目标努力，发挥专长，相互协调，合理调派，通过机制调整，实现共建共赢，实现劳动教育的最佳成效。

（一）重视并实施好家庭劳动教育

家庭是劳动教育的重要场所，孩子在家庭这座学校中成长，父母是他们的启蒙教师，要守好家庭劳动教育这个阵地，帮助孩子走好人生的第一步。家长要积极承担家庭劳动教育的职责，用自己的一言一行去教化子女，营造勤劳、实干、向上的家庭氛围，将劳动教育融入家庭生活中的方方面面，有意识地去培养孩子的劳动意识、劳动观念，对孩子的劳动行为给予鼓励和指导。

要实施好家庭教育，必须从家长入手，各级各类党政、行政机关和社会群团组织要积极参与到家长劳动教育的工作中来。首要问题是提高学生家长的综合素质，通过建立"家—校—社会"联合的育人方式，提高学生家长对劳动教育的关注。如工会、共青团、妇联、企事业单位、培训机构等群团组织等也应该发挥各自的优势，加强对学生家长的劳动知识教育、创设更多的劳动锻炼场所和机会，学生家长主动从意识和行动上纠偏，改进教育孩子的思路、学习教育孩子的方法。

（二）加强党对劳动教育工作的指导

党对劳动教育工作的领导是支持学校、协同各方开展劳动教育的根本保障。各级党委都要提高政治站位，把劳动教育作为培养合格的党和国家未来建设者和接班人的大事来抓，高度重视、关心和支持劳动教育工作，把劳动教育纳入教育改革发展的重要内容。党政主要负责同志要熟悉劳动教育、关心劳动教育、研究劳动教育，切实为搞好劳动教育办实事、解难事。要积极推动家庭、学校、社会三大劳动教育系统的融合，建立健全联系和运作机制，搭建交流互动协作平台。要运用现代传媒手段，大力宣传劳动精神、劳模精神、工匠精神，树立先进典型，引导劳动最光荣、劳动最伟大、劳动最崇高、劳动最美丽在全社会蔚然成风，形成良好、强劲的有利于劳动教育的社会氛围和鲜明的劳动导向。要重视劳动教育立法和政策制定工作，使之有法有规可依，保障劳动教育行进在法治轨道上。要在劳动就业、收入分配、职工福利、社会保障、人才培养等诸方面坚持公平原则和保障劳动者利益，提升劳动者的社会地位，使全社会特别是大学生看到做劳动者的自豪。

（三）发挥群团组织在推动实施劳动教育中的作用

工会是职工群众组织，它和劳动、劳动者联系最紧密，在协同实施劳动教育方面有着丰富资源和独特优势。工会必须从全局高度，抓住契机，在推动全社会的劳动教育上发挥积极作用。工会要在教育领域强化劳动教育中发挥积极作用。要充分利用工会自身联系劳模、大国工匠和先进人物的优势，积极推进劳模、大国工匠和先进人物进校园，用现身说法的典型教育，弘扬劳动精神、劳模精神、工匠精神，力求对学校教职工和学生产生虹吸效应，形成强大氛围。要利用工会联系企业、社会广泛的优势，积极为学校教师、学生参加劳动生产实践打造适合的基地。要配合学校党政方面抓好教师队伍建设，实现教人者先受教。

工会要在社会领域强化劳动教育中发挥积极作用。要按照"全社会都应该尊敬劳动模范、弘扬劳模精神，让诚实劳动、勤勉工作蔚然成风"的指示，推进多领域劳动教育工作开展，具体来讲，在法治领域，鼓励参与多层次的法制建设，如立法、修订法、政策法规制定、劳动及劳动教育相关的政策制定，确保劳动教育有法可依；在文化领域，充分利用现代科学技术，在多种自媒体平台宣传劳动教育的重要性，宣扬劳模精神、工匠精神及先进劳动者事迹等，营造劳动光荣的社会氛围；在社会生活方面，要积极引导公众认知，形保成工会牵头下的企事业单位职工积极参与劳动教育的常态，以此带动社区、家庭等组织对劳动、劳动教育的重视；除此之外，还可以尝试开拓公益劳动市场。最终形成多层次、多维度、多链条的劳动教育热潮，使劳动教育遍及、深入全社会。

共青团是共产党的后备军，是由信仰共产主义的中国青年组成的群众性组织，具有队伍年轻、组织灵活、阵地深入、资源丰富的特征。而且，青少年是接受劳动教育的重要群体，对他们进行劳动教育是传统更是责任。因此，共青团要有效利用优势，以社会主义核心价值体系为根本，联合学校、家庭和有关方面灵活开展多层次、多形式的劳动教育，具体要从以下三方面入手：一是在学校教育中，将劳动教育融入教育教学的内容中，配合教师做好劳动教育、组织劳动实践。二是要利用与学生家庭的天然联系，引导、协助家庭做好劳动教育。三是带领学生多参加公益劳动活动，让学生在实践中进一步深化对劳动的认知。

妇联是妇女群众组织，在联系广大妇女方面优势独特。妇女在家庭和社会中都起着重要作用，尤其是在家庭教育和学生教育方面更具关键作用。妇女既要参加工作、服务社会，又要承担建设家庭、教育孩子的重任，十分辛苦。各级妇联要积极主动关心、帮助女职工。在劳动教育方面，要通过多种方式进行女职工家长培训，提升她们的劳动教育意识、增加劳动教育知识、掌握劳动教育方法，以形成良好劳动家风为重点，搞好对家庭成员特别是孩子的劳动教育，夯实学校和社会劳动教育的基础。

（四）争取企事业单位的参与

企事业单位也应该被最大限度地吸纳到劳动教育的队列中来，由于大多数企事业单位是开展科学研究的主要场所，也是劳动的第一场所，大学生可以直接到企事业单位中去参加劳动。一方面，企事业单位可以与学校直接合作，利用自身硬、软件设施，形成产学研培养模式，搭建学生实习、创业、创新的平台，助力学生的职业发展。另一方面，企事业单位可以利用资金、人才、项目、文化等先天优势，为劳动教育引入新的动力。在具体的工作实施中，企事业单位可以发挥资金优势，尽己所能为劳动教育提供资金支持；发挥人才资源优势，利用单位现有的科技人才、劳动模范、先进个人和经验丰富的退休干部、工人等，深入学生群体宣传劳动技术、经验等；发挥项目带头作用，让学生尽可能参与，学习"实战"本领，尽早规划自己的职业发展方向；利用企事业单位深厚的文化氛围，使参与劳动的学生有参与感，在劳动中实现自身的价值,进而激起学生尊重劳动、热爱劳动的情感。总而言之,企事业单位是学生劳动教育的重要场所,企事业单位要担负起社会责任,尽最大努力为大学生提供第一现场的劳动,让他们在真实的劳动中感受参与劳动的喜悦、意义、感受劳动者的伟大,树立正确的劳动观,形成诚实劳动创造财富的观念,为大学生走向劳动岗位,参加真正的劳动打好基础。

(五)营造宣传劳动光荣的社会氛围

大学生的成长当然离不开社会舆论的影响,而且社会舆论教育也属于劳动教育的一部分,因此负责社会舆论宣传的相关部门要不负使命,勇担责任。要在党中央精神的带领下,紧跟时代步伐,在当前的社会背景下,扛起青年大学生劳动宣传教育的大旗,营造劳动光荣的社会氛围。在具体的传播中,要从机制、方式、内容等方面发力:其一传播机制,要形成以中央宣传部、教育部为龙头,其他宣传媒介、组织等共同参与、配合的劳动教育宣传、传播机制,制定全面、统一、持久、稳定的宣传制度,以达到舆论宣传的效果。其二传播方式,要结合现代融媒体技术,更新宣传方式、手段,让积极、正能量的劳动故事、劳动者故事以更快、更广、更新的方式与人民群众特别是青年大学生对接,从而营造热爱劳动、尊重劳动的社会风尚。其三传播内容,要始终以劳动精神、劳动者精神和工匠精神为核心,并贯穿劳动技能、科学等内容,让青年大学生成长在浓厚的劳动社会氛围下,形成尊重劳动、尊重实干的观念,激发他们的劳动热情,产生劳动的干劲。

(六)文艺界应唱响劳动者之歌

文艺界作为社会主义先进文化的创造者和传播者,在实施劳动教育、营造劳动教育社会氛围方面作用重大。文艺界要通过创作出更多、更好地反映劳动和劳动者崭新风貌的优秀作品，大力讴歌劳动精神、劳模精神和工匠精神，讴歌新时代的劳动者，并使之成为社会的主旋律。要通过这些优秀文艺作品引导青年学生懂得只有劳动才是真善美的源泉。新时代对文艺界提出了新要求，文艺界应当以更多、更好地反映劳动和劳动者精神风貌的优秀作品，把新时代的劳动号角吹得更加响亮，鼓舞青年学子们以辛勤劳动、诚实劳动和创造性劳动去创造更加美好的新生活。

参考文献

[1] 贺天柱，郝军．劳动教育与实践 [M]. 北京：北京理工大学出版社，2022.

[2] 秦建国，胡永远．高校劳动教育概论 [M]. 上海：上海交通大学出版社，2022.

[3] 王飞作．劳动教育的历史考察与现实建构 [M]. 北京：中国社会科学出版社，2022.

[4] 郑耿忠，袁德辉，冯健文．大学生劳动教育与实践 [M]. 北京：清华大学出版社，2022.

[5] 刘社欣．大学生劳动教育教程 [M]. 北京：清华大学出版社，2022.

[6] 吴贵春．高校劳动教育探究 [J]. 长春大学学报，2022（8）：38-41.

[7] 肖绍明．劳动教育的文化研究 [J]. 华东师范大学学报（教育科学版），2022（2）：17-28.

[8] 杨玉兰，李秋萍．班级劳动教育课程建设与实践 [J]. 江苏教育，2023（12）：11-13.

[9] 邓忠君，李峤．新时代大学生劳动教育实践 [M]. 成都：西南交通大学出版社，2022.

[10] 孔华作．基于新农科建设的高校劳动教育创新研究 [M]. 成都：西南

交通大学出版社，2022.

[11] 郑文，陈伟 . 大学生劳动教育 [M]. 北京：高等教育出版社，2022.

[12] 严运楼，王佳杰，朱蓓 . 劳动教育理论与实务 [M]. 北京：中国劳动社会保障出版社，2022.

[13] 敬鸿彬，孙艳 . 新时代劳动教育 [M]. 北京：科学出版社，2022.

[14] 黄建科，邓灶福 . 新时代劳动教育与实践 [M]. 北京：中国轻工业出版社，2022.

[15] 成玉莲，董晓平 . 大学生劳动教育理论教程 [M]. 北京：北京理工大学出版社，2022.

[16] 仰和芝，齐亮，钟益兰 . 新时代大学生劳动教育概论 [M]. 北京：高等教育出版社，2022.

[17] 任志芳，董然然 . 新时代大学生劳动教育研究 [J]. 科教导刊（电子版），2023（4）：34-36.

[18] 王瑞德 . 方法论劳动教育和目的论劳动教育的内涵及辩证关系 [J]. 北京教育学院学报，2022（6）：23-29.

[19] 刘绍晨 . 高校劳动教育的研究探索 [J]. 新课程教学（电子版），2022（11）：183-184.

[20] 吴贵春 . 新时代劳动教育探析 [J]. 淮南师范学院学报，2022（4）：128-131.

[21] 梁杰 . 大学生劳动教育 [M]. 北京：电子工业出版社，2022.

[22] 陈刚 . 新时代大学生劳动教育与实践 [M]. 西安：西安电子科学技术

大学出版社，2022.

[23] 张少华，杨京楼，李文全．新时代劳动教育教程 [M]．南京：南京大学出版社，2022.

[24] 王艳凤．劳动教育课程的体系建设与实施路径 [J]．辽宁教育，2021（23）：29-32.

[25] 汪杰锋，王一雯，郭晓雅．新时代高校劳动教育课程实施的问题与消解 [J]．齐鲁师范学院学报，2023（2）：54-59.

[26] 罗生全，张雪．劳动教育课程的理念形态及系统构建 [J]．广州大学学报（社会科学版），2022（2）：150-160.

[27] 张琼．西部高校劳动教育课程体系的构建 [J]．西北成人教育学院学报，2022（1）：82-87.